自序 我们的历史

放眼全世界，唯有中国人的历史是一脉相传的。咱们可以很骄傲地说，现在的中国人就是古中国人的后裔。中国的历史太精彩了，几乎每一个朝代都会出几箩筐跌宕起伏的故事。这些脍炙人口的故事经过口耳相传，很快就成了说书人和小说家创作的蓝本。到了现代，则有更多编剧们以这些蓝本为蓝本，创作出很多热播的古装剧——虽然，为了增加戏剧冲突，经过多次再创作后的故事已经和历史的真实相距很远。

电视剧中的描述大多非黑即白，非此即彼。所以，为了烘托出诸葛亮神机妙算、大公无私的形象，就有了小肚鸡肠、斤斤计较的周瑜；因为有了文武双全、雄才大略的唐太宗李世民，就有了阴险狡诈、刁钻狠毒的隐太子李建成；既然认定了隋炀帝杨广是个无恶不作、一无是处的暴君，所以他的皇后就只能是个只知狐媚惑主的亡国妖女了。

这自然是很不公平的。因为周瑜才学本不输诸葛亮，且为人谦和，风度翩翩，是位了不起的青年将军；李建成与李世民并肩作战，共同打响唐朝开国的第一战，历史不会忘记他的功劳；而隋炀帝也不是一个贪图享乐的皇帝，萧皇后也只是一个温柔善良的小女人。历史没有理所当然，所有的理所当然不过只是“我以为”。

这就像作为人类永恒主题的爱情一样。每个人都渴望有一段美好的爱情。从一见倾心开始，到相濡以沫结束。为了满足看客们心中对于古人爱情最浪漫的想象，于是就有了曹植与甄氏的精神之恋，高湛与陆贞的两心相许，多尔衮与大玉儿的美丽邂逅，就算结局遗憾，也是凄美的遗憾。可惜，曹植心中另有“洛神”，高湛其实是个臭名昭著的“变态”皇帝，至于多尔衮和孝庄太后，不过也只是政治上的相互利用而已。

打破了固有印象的历史真相或许有些残忍，但没法子，这就是事实！影视剧中的历史和真实的历史之间的这条路真是很漫长的。然而咱们都应该试着去慢慢地走过来，因为一切存在过的东西都值得我们去尊重，尽管改变认知原本就是件很不容易的事情。

或许也有人会说，古装影视剧本身就是为了娱乐大众而存在的，认真你就输了。这样的想法当然没什么问题。毕竟，两千多年的王朝史，那些王侯将相的故事离我们已经很遥远了。然而，历史其实也并没有那么枯燥，其扣人心弦的程度丝毫不亚于影视剧剧本。咱们就把历史当成另一幕“狗血剧”来看，不是也挺好的吗？

笔者并非正统的历史研究者，而是个喜欢历史八卦，有着很强娱乐精神的人，也曾沉浸在古装经典剧情之中无法自拔。关于剧情，关于历史，关于这一切是非曲直，咱们都可以在这本书中慢慢侃，细细聊。那么，现在就开始吧！

郁馥

2018年2月16日

原来你是这样的古人

郁馥 / 著

金城出版社
GOLD WALL PRESS

图书在版编目（CIP）数据

原来你是这样的古人 / 郁馥著. — 北京 : 金城出版社, 2018.7（2023.6重印）

ISBN 978-7-5155-1681-3

Ⅰ. ①原… Ⅱ. ①郁… Ⅲ. ①中国历史—通俗读物
Ⅳ. ①K209

中国版本图书馆CIP数据核字(2018)第088663号

原来你是这样的古人

作　　者　郁　馥
责任编辑　王秋月
开　　本　710 毫米 ×1000 毫米　1/16
印　　张　14.5
字　　数　170千字
版　　次　2018年9月第1版
印　　次　2023年6月第3次印刷
印　　刷　北京合众伟业印刷有限公司
书　　号　ISBN 978-7-5155-1681-3
定　　价　39.00元

出版发行　**金城出版社**　北京市朝阳区利泽东二路3号　邮编：100102
发 行 部　（010）84254364
编 辑 部　（010）84250838
总 编 室　（010）64228516
网　　址　http://www.jccb.com.cn
电子邮箱　jinchengchuban@163.com
法律顾问　北京市安理律师事务所 18911105819

目录 Contents

1. 用感情换权力的女政治家

——正能量女主芈月真面目

【个人简历】

姓名：芈氏（一说名芈月，待考）
职称：八子、太后
民族：汉
籍贯：郢城（湖北荆州）
性格：作风大胆、不拘小节
特长：交际应酬、辩论
父亲：不详
母亲：不详
配偶：嬴驷
子：嬴稷、嬴芾、嬴悝（另有两子名不详）
女：不详
签名档：古今第一太后，我骄傲
大众印象：勇敢善良，在逆境中越挫越强的励志女主
参演剧目：《芈月传》《大秦帝国》《传奇》等

【剧情重现】

楚国公主芈月出生时天象有异，又因为她从小聪明机灵，所以尽管她母亲的出身不高，但她仍受到了楚王的百般疼爱。楚王死后，向来不喜芈月姐弟的楚威后想尽法子要惩治他们，却都被芈月一一躲过。

芈月与公子黄歇青梅竹马，两情相悦，可两人的婚事却因为楚威后的刁难而受阻。无可奈何之下，芈月决定以媵女（陪嫁）的身份跟着姐姐芈姝嫁入秦国，途中趁机与黄歇私奔。谁知在入秦之时，马车遭到了一群义渠人的阻截，黄歇为了保护芈月姐妹而失足掉落悬崖。

芈月以为黄歇已死，又得知了遇袭一事是秦国后宫之人指使。为了找出真凶为黄歇报仇，芈月将错就错，随嫁入秦宫，成为秦王嬴驷的一个妃妾。[1]

【真相揭秘·并不得宠的楚国破落贵族】

不得不说，在咱们这个高科技的信息社会中，影视剧的传播力和影响力比之书籍和讲座要大得多。前年的一部《芈月传》，将历史冷门人物秦国宣太后隆重推荐给了大伙，似乎效果还不错呢。从公主到后妃，再到太后，在苦难中坚强，在逆境中求存，不得不说，这样的人生确实励志。只可惜，这样的经历只属于电视剧中的芈月，而不属于历史上的宣太后。宣太后的人生是什么样的？咱们现在就开始慢慢聊。

先说芈月这个名字吧。历史文献中并没有记录下宣太后的名字，不过这芈月倒也不算是编剧的凭空捏造，因为在陕西出土的兵马俑残片上就刻有“芈月”两个字。或许有人会问，兵马俑不是秦始皇的吗？没错！不过史学界也一直存在一种不同的观点，说兵马俑其实是宣太后的陪葬品，咱们在电视剧中也可以看到相关的情节。理由主要有两个：一是秦国人崇尚黑色，而刚被挖出来的兵马俑是五颜六色的；二是石人俑的发髻微朝右歪（秦国没有这个习惯，但楚国有）。

可这两个理由在没有更多文物和文献佐证的情况下，似乎有些牵强。所以相应的，芈月也不大可能是宣太后的真名。不过为了讲故事的方便，

---

[1] 以上剧情来自电视剧《芈月传》。

咱们姑且就称呼她为芈月吧。毕竟这名字还是挺有少女风的。

芈月是楚国人，这个没问题，但她却十有八九并非楚国王女。因为在现存的历史资料中，并没有任何她身为公主以及任何她与楚王室有关的蛛丝马迹。毕竟后来芈月掌权之时，也曾有人反对。若她真是公主，绝对是可以为她加分的政治资本，但却不见她有关于这方面的说法。更重要的是，芈月有个同母异父的弟弟魏冉。女子改嫁在战国时代当然并不稀罕。只不过芈月若是公主，她娘就是王妃。王妃能随便改嫁一个异性，且有可能是异国人吗？概率几乎为零啊。更何况，芈月胞弟芈戎后来可以死心塌地地为秦国效力，倘或他真是楚王子，会这样做吗？

所以芈月在楚国最有可能的身份就是王室远亲、没落贵族。至于为何不是平民呢？因为平民是没有资格嫁入秦国王室的。芈月在秦王宫的封号是八子，当时诸侯王的妻妾职称共有七级，自正妻王后以下分别为夫人、美人、良人、八子、七子、长史、少使。芈月自进入秦宫以后就是八子，起点倒不算太低。

然而，一直到秦惠王临死之前，她还是当年的那个小小八子，虽然她先后为秦惠王生了三个大胖小子。在母凭子贵的那个年代，秦惠王为什么一直不给芈月升职加薪呢？大概是这位脾性刚强的芈八子真的不合秦惠王口味吧。这点芈月倒是和后世武才人的遭遇有点儿像。大概成功男人喜欢的都是那种小鸟依人、让人有保护欲望的女子，而不是和自己同样强势之人吧。

对了！尽管电视剧中有关芈氏姊妹的恩怨情仇让人看得非常过瘾，但其实秦惠文后是魏国人，和芈月并没有一点亲戚关系。大约是因为年代久远的缘故，史书上对于惠文后结局的记载矛盾性很大。有说她是自然死亡，有说她因政变被杀，也有人说她是得了忧郁症死的。总之，无论她是怎么个死法，和芈月都没什么关系。就算她活着的时候，她们一个是高高在上的王后，一个是郁郁不得宠的低级妾侍，应该也不会起什么直接的冲突。

至于芈月与春申君黄歇那段凄美的青梅竹马恋情，那可真是再加工的文学创作了，并且这样的创作其实并不合理。因为春申君的年纪比芈月的儿子还要小十多岁，是断然不会与这位奶奶辈的芈八子有什么暧昧关系的。

公元前311年，秦惠文王嬴驷驾崩，遗诏将王位传给了太子嬴荡（不许笑这个名字）。嬴荡登基后不久，就下旨将芈月和嬴稷母子俩送去燕国当人质去了。在战国时期，诸侯国之间经常会吵架斗嘴，斗得狠了就撩起袖子打仗，等打累了便签个“停火协议”，然后派个人质到各自国家去。两国关系好的时候，自然能把人质当祖宗一样好好招待，一旦恶化了，第一个被用来出气的就是人质。

所以说，芈月和嬴稷可算是秦王室的弃子了。恐怕当时所有的人都没有想到，这两枚弃子还有机会翻身做出一番大事业来。

【剧情重现】

芈月与嬴稷到了燕国以后受尽苦难，有好几次差点性命不保，可芈月仍本着一颗善良倔强的心，凭借聪明才智屡屡化险为夷。

与此同时，新王嬴荡任人唯亲，宠信佞臣，有良知的朝臣大多敢怒不敢言。嬴荡听说周王室的九鼎已被送到了洛阳，便带着秦国文武百官一起前去观摩。周王室官员说能举起大鼎的人就能得到九州，可惜天下没有能举动它的人。年轻气盛的嬴荡亲自出马，却被大鼎压在身上，就此丧了命。

芈月和嬴稷母子在穰侯魏冉、王叔樗里疾、义渠王翟骊等人的拥立之下，从燕国返回秦国，扫平了一切反对势力后，终于成了秦宫的主人。嬴稷称王，芈月辅政，并且有了“太后”的尊称。[1]

【真相揭秘·好运来了挡也挡不住】

不论从哪个角度来看，秦武王嬴荡都不是一个有勇无谋的蛮王。在人事任免方面，嬴荡一继位就提拔甘茂为左丞相，樗里疾为右丞相，这二位都是脚踏实地的实干家，在历史上的风评也都不错。

在嬴荡的支持之下，甘茂和一干法律界资深人士一起填补了现行法律中的漏洞，樗里疾则带着“城市规划设计师”们修建堤坝、疏通河道、建造桥梁，做了很多老百姓喜闻乐见的民生工程。对外方面，嬴荡平定蜀地动乱，连横越国牵制楚国，迫使韩国签订城下之盟，每场仗都打得非常漂亮，牢牢掌握着外交话语权。这个二十出头的年轻人有能力有魄力，绝对是一号人物。只可惜，嬴荡在位只有三年就去见先王了。他确实是在和别人比试举鼎的时候意外而死的。不过这实在也算不得是什么黑点，难道君王就不能有一点特别的兴趣爱好了吗?

可嬴荡没有儿子，王位没有继承人，这点真是挺麻烦的。因为秦惠王有很多儿子，而且个个都不是省油的灯。这个时候的芈月还在燕国做人质，突然有一天，燕国国君派了个使者对母子俩说，穰侯（魏冉）要辅立公子嬴稷做秦国新大王，咱们大王和穰侯关系很好（互相利用），为了长远考虑（放长线钓大鱼），决定派保镖送你们回秦国。

当时的芈月心里肯定乐得开出了一朵大大的白莲花——这个同母异父的弟弟可是真给力！自己就连做梦也没有想到，在有生之年还能回到秦国，而且是以大王老妈的身份。可问题也随之来了，芈月当年只是一个郁郁不得宠的八子，嬴稷也不过是个未成年少年，凭什么就能这样轻而易举

[1] 以上剧情来自电视剧《芈月传》。

地当上大王呢？

就凭芈月有个好弟弟，嬴稷有个好舅舅！

魏冉在秦国工作多年，人脉广阔，上到王族下到平民老百姓，哪里都有他穰侯的熟人。无论是公子诸侯，还是朝臣将领，只要敢阻碍他的宝贝外甥登上王位的，结局只有一个——死。

于是，反对的人都死了。嬴稷的王位总算坐得舒坦了。因为嬴稷还小，所以嬴稷他娘芈月就成了当时秦国的实际掌权人。为此，芈月还独创了一个“太后”的称谓，以显示自己崇高的地位。不过恐怕连芈月也料不到，这个称谓会连续用了两千多年。

芈月那个时代的秦国经过秦孝公、秦惠王、秦武王三代的奋斗，已经十分强盛了。虽然没有到“想打谁就打谁”的地步，但“谁打我，我就加倍奉还”的实力还是有的。芈月当然是有政治魄力的，不然她这实权太后的位置不会一坐就是三十四年，可光有这个是不够的，因为芈月终究是一个女人。在男权社会，男人可以有很多种办法去守住自己的权力，但女人只有一种，那就是倚靠男人。尽管这很不公平，但这就是事实。

虽然史书上没有明说，但芈月的长相应该不错，而且有可能是一种带了些野性的美丽。一个女子若能兼具美貌与智慧，加之作风前卫大胆，在当时应该算得上是极品（此处为褒义）。所以男人们都愿意为芈月效劳，甚至为了芈月而身死国灭。

没错！说的就是义渠王！

义渠国作为一个彪悍的游牧民族方国，是秦国西南边陲的一个潜在威胁。义渠王年富力强，估计是个体格健硕的型男。有一次，义渠王来到秦宫做客，在和小秦王嬴稷做了亲切友好的洽谈之后，义渠王又去拜见了太后芈月。肌肉型男和冶艳熟女之间是很容易擦出爱的火花的，芈月看出了义渠王不能为人知的隐秘心理，脑神经转了几圈后，终于下了个决定，那就是接受，乃至主动去迎合义渠王的挑逗。英雄难过美人关，义渠王注定是要酥倒在芈月的石榴裙下。

从此以后，义渠王隔三岔五就会来秦宫串门。如此明显的醉翁之意，芈月心里跟明镜似的。在经过了几次欲拒还迎的矜持之后，芈月终于和义渠王过上了愉快的同居生活。有了这么个合自己心意的妙人儿，还要那片死气沉沉的草原干什么啊？义渠王自认为想得很透彻。于是，他从此真就留在了秦宫，说得好听点那叫上门女婿，说得实在点不就是男宠吗?

看到义渠王这副乐不思蜀的样子，芈月不禁露出了向日葵般灿烂的笑容。为了将他的意志力消磨得更彻底，芈月甚至还为他生下了两个孩子。太后生子，那可是很严重的个人作风问题。已经成年的嬴稷自然觉得羞赧万分，朝臣虽然不敢明着发表意见，私下里估计经常会谈起这件能上娱乐头条的八卦。可芈月对所有明里暗里的议论似乎都没有放在心上——我这朵不一样的烟火，你们怎么能看得懂？义渠王自然也搞不明白芈月的心思，大概他还会觉得一个女人只有真爱我，才会排除万难地生下我的孩子，这是多么伟大的爱情啊。义渠王淌眼抹泪地想道。

这俩人愉快的同居生活一直持续到了秦昭襄王三十五年（公元前272年）。这一年，秦国在内政外交方面都取得了很大的胜利，连老对手楚国都乖乖把太子完送到了秦国当人质。芈月环顾了一下四周，又看了看那个躺在他身边的男人，一拍大腿，是时候该放大招了!

于是，就在一个天朗气清的午后，义渠王像往常一样从寝殿出来，准备去迎接新一天的阳光。可正当他走到甘泉宫的时候，埋伏已久的侍卫们一起上前，七手八脚地把义渠王给绑了起来。义渠王这些年早已被温柔乡磨去了意志，武力值严重下降。就这样丧命在了一群他从来不放在眼里的侍卫手中。

躲在一旁看热闹的芈月见自己苦心谋划多年的事情终于成功了，心中不由得百感交集起来。这么些年的朝夕相处，如果说对身边这个人全无感情，那也是不可能的事情。不过芈月终究是芈月，义渠王一死，芈月就立刻出兵突袭义渠在陇西、北地、上郡、中卫等地的领土。群龙无首的义渠兵哪里是强悍的秦兵的对手，鸡蛋碰石头，义渠很快就被秦国一锅给端了。至于义渠王和芈月生的俩孩子去哪了？史书上没有记载，咱们也不能去妄加揣测。

【剧情重现】

义渠王死后，芈月难过得水米未进，人也憔悴了很多。后来，还是在嬴稷以及两个小孙子的陪伴和照拂之下，心情才有了些许的好转。

在一群入宫给王子们做伴读的贵族公子们中，芈月看到了一个长相和自己的初恋情人黄歇很相像的人。想起当年与黄歇的一段真情，芈月便把这个名叫魏丑夫的人留在了自己身边，让他每天给自己读书；同时为了纪念义渠王翟骊，芈月将自己百年后的葬身之地丽山，改为了骊山，希望来生再偿还自己欠他的一段情。

芈月想念自己的故乡楚国，想着死后可以回到自己心心念念的故土。于是，她便命人雕琢了很多以楚人为原型的石人俑当作自己的陪葬品，让他们永远陪在自己的身边。[1]

【真相揭秘・女政治家的风流与大胆】

芈月作为秦国的第一把手，自然不会是个只知谈情说爱的纯善小女生。她是政治家，政治家的原则就是利益至上。所以，她不会因为义渠王的死而难过太久。同样，她也不会在外人面前表现出她作为一个女性的柔

[1] 以上剧情来自电视剧《芈月传》。

弱与矜持来。

有一年，楚国出兵韩国重城雍氏（河南禹州）。韩襄王可急坏了，若再找不到适合的外援，恐怕雍氏城早晚不保。在那个时候，唯一能和楚国较一较劲的就只有秦国了。于是，韩襄王派了一波又一波说客前往秦国游说，希望秦国能够大发慈悲地发兵攻楚。这些说客们自信满满地去，却都是灰头土脸地回去。秦国太后芈月这个人，软硬不吃，实在太难缠了。正在这个时候，一个名叫尚靳的辩士出场了。他说，大王您放心，我可是辩论界的一股清流，这天下就没有我说服不了的人。那秦国太后，不就是一个女流之辈吗，有什么可怕的？

于是，这位尚靳尚大夫就带着一颗无比坚定的小心脏来到了秦国。他先好好地奉承了芈月一把。女人嘛，不都是爱听好话的吗？等到夸得差不多了，尚靳又说了好些唇亡齿寒的道理——您别看楚国现在对秦国服服帖帖，那都是口服心不服，要是让他们逮到了机会，还不得加倍地来报复啊？所以太后您一定要出兵楚国给他们一点颜色瞧瞧，您说是不是啊？

芈月听了他这么一番长篇大论，简直烦得脑仁都疼。她看着这位尚大夫无比期待的眼神，心中不禁在想，韩国怎么尽出这些舌灿莲花却腹里空空的人啊？秦若要一统天下，第一个灭的就是你韩国，因为容易啊（历史证明，确实如此）。当然，这些话芈月并没有说出口，可她将要说的话更加让人大跌眼镜。

她说，尚大夫对国家大事看得那么透彻，不知道懂不懂男女闺房之间的乐事啊？想当年，我老公，也就是惠文王还在的时候，老喜欢把大腿压在我的身上。你也知道他那个体重，这一压下来可把我累坏了。可一旦他把整个身子都压在我身上，我就立马觉得舒坦了。此等妙不可言之事，尚大夫估计也能感同身受吧。所以说啊，秦国不能出兵。若不尽全力，肯定救不了韩国，可若尽了全力，消耗的可是咱们大秦的人力物力财力，你以为大秦是傻的吗?

尚靳听到芈月竟能这样脸不红气不喘，在外交场合说出如此大胆直白，甚至带有某种挑逗性暗示的话语，不由得惊得后退了好几步。心想我能斗得过君子，可我斗不过无赖啊！更何况还是个女无赖。等到尚靳收拾完自己千回百转的心思之后，却见芈月向他投来了一束深不可测的目光，他只得下跪再次向她叩首，然后和他的前辈们一样灰溜溜地回国去了。

虽然这样的外交辞令在后世理学家看来十分粗蛮淫秽，但恐怕他们也不能否认，这样的话非常简单有效而且不伤和气。瞧瞧那个倒霉的尚靳，不就这么轻而易举地就被打发回去了吗？当女政治家用女人的口吻说出那些男人心里想说却不屑说出来的话，她就胜过了九成以上的男政治家了。

当时秦国朝廷的情况是芈月一人独掌大权，芈月的两个弟弟魏冉、芈戎，芈月的另两个儿子嬴芾、嬴悝则是她最重要的帮手，后人称他们为“四贵”。时间长了，就引起了真正应该执掌秦国大权的秦王嬴稷的不满——兔子急了也是要吃人，就算是骨肉至亲也没用，该出手时，我可是会毫不留情地出手的。

有了这样的思想基础，嬴稷后来又在客卿范雎的谋划之下，先夺了太后的权，再以太后名义远远地将“四贵”打发去了关外。这个结果是经过很缜密的部署，步步为营才做到的。咱们在此就不展开说了，还是继续讲咱们的这位女主芈月吧。

失去了权力的芈月不得不退回后宫，当上了无责一身轻的老妇。人们大多以为她会很失落，甚至因为看不开而得狂躁症。可显然，芈月对她的新身份适应得很快。没有事业，不妨，我还可以追逐我的爱情嘛。于是，芈月就在深宫之中养了好几个年轻清俊的小男朋友。在他们中间，她最喜欢的是长得最帅、性格也最温柔的魏丑夫。这“丑夫”二字可不是他的低调谦逊，而是丑时或者丑年出生的男人的意思。

芈月是真心爱这个小伙子，爱到想生生世世跟他在一块。这在咱们现在看来，可能是一个很浪漫的誓言，可当时芈月说这话的目的是想让魏丑夫在她死后为自己殉葬。

我还年轻，我不想死啊！魏丑夫在心里呐喊了一万次。等到喊到一万零一次的时候，他想到了一个人来帮助自己逃离这个厄运，他就是庸芮。庸芮是秦国大臣，可除了帮助魏丑夫当说客之外，史书上并没有留下任何关于他的记录。有人说他也是芈月的“裙下之臣”。很有可能，但在没有其他证据的情况下，也不能拍胸脯说他就是了。

庸芮劝服芈月的办法很简单。那就是破除芈月脑中的封建迷信思想。

庸芮：“太后觉得人死了还会知道人间发生的事吗？”

芈月：“不清楚。”

庸芮：“如果不会，您又何必让魏子殉葬呢？如果会，那惠文王就一定会知道您和魏子之间的私情，您想想，他能忍受自己被戴绿帽子吗？到时候他不来人间找您去地下问问才怪呢！”

芈月一听，恍然大悟。幸运的魏丑夫也因此摆脱了英年早逝的命运。不久，芈月这位中国历史上的“第一太后”便走完了她的人间游历之旅。

【相关史料】

武王卒，诸弟争立，唯魏冉力为能立昭王。昭王即位，以冉为将军，卫咸阳。诛季君之乱，而逐武王后出之魏，昭王诸兄弟不善者皆灭之，威振秦国。昭王少，宣太后自治，任魏冉为政。

——《史记·卷七十二·穰侯列传》

楚围雍氏五月。韩令使者求救于秦，冠盖相望也，秦师不下崤。韩又令尚靳使秦，谓秦王曰：“韩之于秦也，居为隐蔽，出为雁行。今韩已病矣，秦师不下崤。臣闻之，唇揭者其齿寒，愿大王之熟计之。”宣太后曰：“使者来者众矣，独尚子之言是。”召尚子入。宣太后谓尚子曰：“妾事先王也，先王以其髀加妾之身，妾困不疲也；尽置其身妾之上，而妾弗重也，何也？以其少有利焉。今佐韩，兵不众，粮不多，则不足以救韩。夫救韩之危，日费千金，独不可使妾少有利焉。”

——《战国策·卷二十七·韩策二》

义渠国乱，秦惠王遣庶长操将兵定之，义渠遂臣于秦。后八年，秦伐义渠，取郁郅。后二年，义渠败秦师于李伯。明年（应为后三年），秦伐义渠，取徒泾二十五城。及昭王立，义渠王朝秦，遂与昭王母宣太后通，生二子。至王赧四十三年，宣太后诱杀义渠王于甘泉宫，因起兵灭之，始置陇西、北地、上郡焉。

——《后汉书·卷八十七·西羌传》

秦宣太后爱魏丑夫。太后病将死，出令曰：“为我葬，必以魏子为殉。”魏子患之。庸芮为魏子说太后曰：“以死者为有知乎?”太后曰：“无知也。”曰：“若太后之神灵，明知死者之无知矣，何为空以生所爱，葬于无知之死人哉!若死者有知，先王积怒之日久矣，太后救过不赡，何暇乃私魏丑夫乎?”太后曰：“善。”乃止。

——《战国策·卷四·秦策二》

2. 霸道总裁其实不懂爱

——汉武帝刘彻真面目

【个人简历】

姓名：刘彻

职称：胶东王、太子、皇帝

民族：汉

籍贯：长安（西安）

性格：强势霸道、说一不二

特长：治国、军事、文学

父亲：刘启

母亲：王娡

配偶：陈氏、卫氏

子：刘据、刘闳、刘旦、刘胥、刘髆、刘弗陵

女：卫长公主、鄂邑公主、诸邑公主、石邑公主、阳石公主、夷安公主

签名档：我的国家、我的婚姻，都由我自己做主

大众印象：治得了国家，谈得了轰轰烈烈的恋爱

参演剧目：《大汉天子》《东方朔》《卫子夫》等

【剧情重现】

汉朝景帝末年，皇帝病危。而此时的太子刘彻却不在宫内，皇太后窦氏一心想废太子，而让自己的小儿子刘武当皇帝。得知消息的准太子妃陈阿娇进宫密见皇帝，皇帝将一份让太子登基的遗诏交给了她。

皇帝驾崩，举国同哀。窦太后说皇帝要传位于梁王刘武，正在梁王准备登位之时，陈阿娇却携着真遗诏前来力斥太后与梁王的阴谋。众人见到此真遗诏和刚刚归来的太子，一时也就明白了事情的真相。

于是，太子刘彻在众朝臣的拥立之下继位。不久，他便迎娶了为他登基立下汗马功劳的陈阿娇做皇后。陈阿娇是他的表姐，从小由长辈给他们定下的娃娃亲。刘彻小时候就非常喜欢这位表姐，曾说长大以后要盖一座金屋子给表姐住。后来，他果然兑现了自己的诺言。[1]

【真相揭秘 · 一个并不美丽的金屋传说】

刘彻还没成为后来霸气外露的汉武帝之前，也只是一个机灵可爱的小少年。虽然天资聪颖，但在他众多的兄弟姊妹之间，实在也不算最出色。于是，刘彻的母亲王美人有些急了，看来靠自己的能力还不够，想要出名，还得请个“托”来帮自己炒作炒作。

有一次，皇帝的姐姐馆陶公主带着自己水灵灵的小女儿进宫玩耍。王美人听说以后，立刻带着小刘彻前往接风洗尘。于是，两个大人在一边聊聊首饰、化妆品之类的话题，聊得颇为投机。两个孩子在另一边追追吵吵，也玩得十分合拍。等到开饭的时候，馆陶公主将小刘彻抱在怀里，半开玩笑半当真地说道：“等你长大以后，姑母就把你阿娇姐姐许配给你当媳妇好不好？”小刘彻也很有眼力见儿，忙赌咒发誓道：“若真如此，我愿盖一间金屋子给姐姐住。”从小便有霸道总裁的风范。

这就是“金屋藏娇”一词的典故。不过，这个典故出自野史《汉武故事》。从历史研究的角度来讲，其实并不十分靠谱，甚至连阿娇这个名字都极有可能是杜撰的。可是，刘彻能从一个默默无闻的九皇子一跃成为大汉帝国的继承人，确实和他娶了这位陈家表姐有莫大的关系。不过刚开

[1] 以上剧情来自电视剧《大汉天子》。

始的时候，馆陶公主提亲的对象是当时太子刘荣的母亲栗姬。可这位栗姬不知道是哪根筋搭错了，一口就回绝了人家，而且回绝得很难听。馆陶公主很生气，后果就是要想方设法地给她点颜色瞧瞧。于是，她找到了王美人，说成了一桩婚事，达成了一个同盟。

这位馆陶公主和刘彻的父亲是同父同母的亲姐弟，打小感情就好，所以她在皇帝耳边说一句话，可顶得上别人说上十句八句。刚开始的时候，皇帝还觉得这是女人们之间那些无伤大雅的钩心斗角。可时间一长，他也慢慢觉察到了刘荣平庸的资质以及栗姬自私自利的性格实在不适合做大汉帝国未来的皇帝和太后。如此一来，更换太子只是时间问题了。

不过，因为娶了个身份高贵的妻子而上位，对于登基以后的刘彻而言，实在也不是一件多值得炫耀的事情，偏偏这位从小养尊处优的陈表姐还时不时拿这件事出来说事。渐渐地，刘彻对她就不免生出了几分怨怼之心。知子莫若母，刘彻的母亲王太后很快看出了儿子的心思，便苦口婆心地对他说，孩子啊，你才登基没几年，根基还不稳固，需要你岳母和太皇太后的帮衬，所以你哪怕是敷衍，也得好好地对待你的皇后。刘彻一听就觉得很有道理。

可是偏偏陈表姐除了个性上飞扬跋扈以外，还有一个弱点，那就是不会生孩子。在中国古代，那可是犯了“七出”之条，男主人可以走法律途径把妻子休弃的。虽然身为皇帝，他的休妻程序不可能走得那么简单，但陈表姐心里仍然很担心。刚开始的时候，她的脑子还是很清楚的，生不了孩子，那肯定是身体有病，有病就得治啊。于是，陈表姐就花了九千金找了个太医为她调理身体。

然而，令她失望的是，这九千金并没有为她换来一儿半女。不过这也怪不了太医，不孕不育直到今天还不能完全被攻克，更何况是两千多年前的汉朝？陈表姐其实心里也明白这个理，倘若她能够收敛自己的暴脾气，好好对待日后可能会有的庶子庶女们，她这个皇后的宝座定然能够坐得稳稳当当，但她却在这节骨眼儿上做了件傻事——埋小木人儿诅咒那些得宠的后宫妃嫔们。这事，其实是可大可小的。

刘彻一听说此事，不由得勃然大怒，可怒了一会儿，他就高兴了：正巧找不到废后的理由，如今，他终于可以摆脱这个愚蠢的女人，立自己喜欢的姑娘为后了。从此以后，陈表姐就被幽禁长门宫，过上了凄凄惨惨的日子。传言说，后来陈表姐花了千金请当朝才子司马相如写了一篇《长门赋》，继而又重获恩宠。在感慨陈表姐真有钱的同时，历史却不禁要很遗憾地告诉您，史书上并没有任何陈表姐复宠的记录。自从废后以后，这个对她有恩的陈表姐就彻底地走出了刘彻的心，连一个剪影也没有。

【剧情重现】

刘彻和长姐平阳公主感情深厚，有事没事都会去串门。有一次，平阳公主看出了刘彻心情不好，便叫来了府中的歌舞姬为他表演节目。正表演到精彩的地方，其中一个舞姬却突然不小心摔在了地上。平阳公主觉得很没有面子，刚想出声指责，就被刘彻拦了下来。原来，他竟然对这位名叫卫子夫的歌姬一见倾心。

刘彻于是和卫子夫彻夜相谈，当听到卫子夫身为一名不入流的歌姬却心怀天下之时，心中非常感动。当即便决定将卫子夫带入宫中。从此两个人形影不离，让一众嫔妃们既羡慕又嫉妒。皇后屡屡陷害卫子夫的阴谋败露，刘彻一怒之下就想要处死皇后，后来在卫子夫的劝解下，才免除了皇后的死罪，将其废黜幽禁。刘彻遂立卫子夫为皇后，有情人终成眷属。[1]

---

[1] 以上剧情来自电视剧《卫子夫》。

【真相揭秘·灰姑娘的人生并不美好】

其实，不论是容貌还是家世，陈表姐都能轻松碾压卫子夫。但是，能让刘彻一见钟情的偏偏就是这个出身微贱的歌女。刘彻这个男人，统御着世界上最强大的帝国，他什么也不缺。他所要的，不是像陈表姐这样同样什么也不缺的女人，这样的女人勾不起他的保护欲望。所以，当满目羞怯、芊芊弱质的卫子夫陡然出现在他面前的时候，他心动了，他恨不能将所有的好的东西都捧到她的面前。

不过，真实的卫子夫并没有电视剧中展现的那样有兼济百姓的胸怀，她只是一个有几分姿色的普通女子，没什么才华，也不够聪明。但对于封建时代的女子而言，才华和智慧都不重要，重要的只是你够温柔，够顺从。这一点，卫子夫做得很好，而且不是刻意为之，是本色出演。

其实，刘彻在平阳公主家临幸卫子夫，并且将她带入宫中之后，就把她给忘了。过了整整一年，当宫里要遣散宫女的时候，刘彻才又一次见到了卫子夫，终于唤醒了对这个楚楚可人的小女孩的记忆，于是，当夜就重新宠幸了她。很快，卫子夫便有了身孕，并且顺利地为刘彻生下了一个女儿。长公主的出生让刘彻第一次品尝到了作为父亲的喜悦，从此对卫子夫更加宠爱。宠爱到一向淡定的司马迁老先生都连用了“有宠”“大幸”“尊宠日隆”等来形容刘彻对她的喜爱之情。

可卫子夫的福气显然才刚刚开始。元朔元年（公元前128年），刘彻立卫子夫为后。元狩元年（公元前122年），立卫子夫长子刘据为皇太子。当时，卫子夫长兄卫长君已任职侍中，长弟卫青与外甥霍去病皆为征战匈奴的主将。卫氏一族五人封侯，卫青后来还娶了平阳公主为妻，成了大汉驸马。当时民间有歌谣流传：生男无喜，生女无怨，独不见卫子夫霸天下。

这似乎就是刘彻爱一个女人的方式。爱她，就爱她的整个家族，爱她，就让全天下知道他爱她。用现在的话说，简直就是一个霸道总裁的作风。历史对这样集万千宠爱于一身的女子的评论通常都很不以为然。可对于卫子夫却笔下留情。当然，刘彻和那些宠爱“祸水”的昏君有本质上的不同，但更重要的是，无论刘彻将卫子夫抬到怎样高的位置，她却能始终保持着自己的初心。

可惜，身处宫闱之中，太简单太淳朴其实并不是一件好事。有皇帝的宠爱还自罢了，倘色衰爱弛，结局是非常惨的。事实上，刘彻对卫子夫的宠爱并没有持续多长时间。毕竟，一个女子的颜值巅峰也就那么几年。刘彻之所以没有厌弃她，除却她本身的好性格以外，起初是因为她那两个争气的弟弟和外甥，后来是因为她那个同样争气的儿子。

只是再后来，霍去病和卫青相继去世，太子刘据与刘彻的政见也越来越不同。于是，有心之人很快就瞄准了这个契机，一张巨大的网已经朝着他们张开了，只是在网中的人还浑然不觉罢了。

征和二年（公元前91年），向来与刘据不睦的宠臣江充诬告他以巫蛊之术谋害皇帝。一开始的时候，尽管江充和他的黄金搭档们已然将此事讲得绘声绘色，但出于父子天性，刘彻对此事其实是不信的。可三人成虎，假亦为真，所以渐渐地，他就动摇了。

如果卫子夫能有一点点心机，如果她是个合格的母亲和妻子，她最应该做的，也完全做得到的事情就是尽一切所能去弥合父子俩的关系。然而，她没有。此刻她的心理已然完全被恐惧压垮。她弄不明白这一切到底是如何发生的。她的思维，永远都跟不上事情发展的速度。于是，她只能眼睁睁地看着父子之间的隔阂越来越深。她唯一想到去做的事情就是接受，就像当初刘彻宠她，赐她万人之上的地位的时候。

于是，当穷凶极恶的卫兵们将她的寝殿挖地三尺来寻找证物之时，她接受；当刘据在忍无可忍之下起兵抵抗的消息传来之时，她接受；当父子之间兵戎相见，刘据被迫自尽之时，她也接受。但接受，并不等于放下。

卫子夫当然放不下这个无比残忍的事实。所以后来她也死了，就在一个月明星稀的晚上，用一根绸缎上吊了。

不久以后，刘彻就知道了太子之冤，用雷霆手腕将当初构陷太子的江充、苏文等人灭族，算是给太子报了仇，其后又修建了“思子宫”和“归来望思台”等来表达对爱子的思念。可对于那个第一次叩开他青涩爱情心扉，同样受了委屈而死的卫子夫，他显然并没有生出多大的愧疚来。她终究只是一个女人，对于皇帝，还是个能够开疆拓土的皇帝而言，女人永远也只是锦上添花的装饰品，有自是最好，没了，咱换一个不就成了吗？

【剧情重现】

太子刘据在前往东海寻仙的途中，遇见了一个美貌过人的赵姓女子。两个人相谈甚欢，很快就生出了感情。等到回宫以后，刘据便让江充去接这位赵姑娘。哪知心怀鬼胎的江充却撺掇着赵姑娘直接嫁给皇帝，赵姑娘在思考片刻后，就同意了。

于是江充借刘彻出巡之时，安排赵姑娘与刘彻“巧遇”，并且说赵姑娘的双手生来只能握拳，不能张开，可当刘彻上前为她张拳时，她的五指竟应势而开。刘彻觉得这是上天赐给她的女人，便将她带进了宫，封为“钩弋夫人”。不久，钩弋夫人便生下了一个儿子。为了自己日后的富贵，钩弋夫人和江充结成了同盟，屡次陷害太子，终于逼得太子自杀明志。太子死后，刘彻立钩弋夫人之子刘弗陵为新任太子。[1]

【真相揭秘·一场彻头彻尾的骗局】

在卫子夫和太子相继离世以后，刘彻曾度过了一段很颓唐失落的时

---

[1] 以上剧情来自电视剧《大汉天子3》。

间。这个时候，他最喜欢的是赵婕妤，也就是后世所称的“钩弋夫人”。为什么这么叫她呢？其中还有一个很奇怪的故事。

在一次出巡至河间（河南）的途中，刘彻身边一名主管望气占卜的官员说，此地有一个奇女子，得之必能使国家兴旺。于是，众人顺着他手指的方向，来到了一座村庄之中。据村民说，当地的确住着一个长相俊俏的女子，可这名女子的手天生握拳，不能张开。合着这是个残疾人啊？刘彻一听这话，心里就凉了半截，可同时心中也生出了几分好奇，这样独特的残疾，他这辈子都没见过……不如，咱就见见？

就这样，刘彻第一次见到了这位赵姓姑娘，虽然没有倾国倾城的容貌，但面容清冷，倒还真有几分仙气，再看她的双手，果然紧紧地握在一起松不开。于是他不由自主地伸出手去碰碰她的手。注意！见证奇迹的时刻到了！那赵姑娘的手居然就张开了，更不可思议的是，她的拳中还藏有一块小小的钩形玉佩。众人都发出了一阵阵惊呼。刘彻心里也高兴。好好好！看来这还真是上天赐给我的女子啊！来人！把她带走。

就这样，赵姑娘跟着刘彻进了皇宫，被封为婕妤。起点非常高啊。看来刘彻对这姑娘是真喜欢。可这样近乎神话的事情您信吗？反正我是不信的。这无非是当地官员为了献美而编出的故事而已。咱们今天的人能想得通，刘彻心里想必也清楚。他之所以装作不知，还欢欢喜喜接受的原因，一来是觉得无伤大雅，这赵姑娘也的确合自己的心意，二来无非是想要通过这个故事来证明自己果然是“天子”吧。

赵姑娘不过是一件礼物，一件被包上一层层漂亮包装纸的礼物而已。至于和江充合谋欺瞒皇帝，先和太子谈恋爱，后又陷害太子的说法，那是影视编剧要创造出戏剧冲突的不合理想象而已。刘据没那么蠢，江充在那个时候也没那么大的胆子去布这个局。

钩弋夫人受宠后没几年，就生下了刘彻的小儿子刘弗陵。历史记载，这孩子在娘肚子待了十四个月才出生，也是个传奇。现代医学可以很肯定地说，那是不可能的事情。因为在正常情况下，胎儿在母亲腹中四十周就应该生了，不然就是过度妊娠。大伙想想，那时的太医连陈表姐的不孕症都看不好，更何况是这样的医学难题。即使出现奇迹，孩子生下来了，也必然是个傻子。可您看看后来刘弗陵那个机灵劲儿，像傻子吗？

那是怎么回事呢？有个不负责任的猜想，问题很有可能出在钩弋夫人的身上。为了在宫中站稳脚跟，为了在刘彻心里塑造一个完美仙女的形象，她撒了个弥天大谎。可刘彻在耳顺之龄喜得麟儿，显然也不会再去追究这孩子到底是几月出生的。为了表达自己对这孩子的喜爱，刘彻还特意遣人把钩弋夫人的门牌给换了一下，换成了闪闪亮的三个字——尧母门。

这太高调了！尧是谁啊？是上古贤君！当时太子刘据尚在，刘彻竟将一个襁褓中的婴孩比作尧。这可不能怪朝臣们想多了。您瞧瞧，他这霸道总裁的作风到了老年仍然没有改变。可实际上，刘彻喜欢这个小儿子是真的，和刘据政见相背也是真的。可若说他真想舍弃他悉心培养数十载的太子，改立眼前这个前途未知的奶娃娃，您信吗？

可那时候他决计不会想到，太子竟会死在他的前头。他再看看其他几个成年的儿子，没一个合他心意的。于是，他只能将目光又投向了这个才六七岁的小儿子刘弗陵的身上。论性情，论天赋，也就是他可以和已故太子刘据相比了。一时间，一个大胆的念头就在他的脑中产生了。于是，他给光禄大夫霍光（霍去病异母弟）送去了一幅周公辅政的画像，政治意味非常明显。

果然没过几日，刘彻就将刘弗陵立为了新储君。几乎在同时，他又雷厉风行地做出了另一个决定，那就是处死刘弗陵的生母钩弋夫人。他自然有他的想法，钩弋夫人那时才二十出头，而刘弗陵年幼，若她成了皇太后，必然会重用她的娘家人。汉初吕后之乱的教训还不够深刻吗？所以，必须把这潜在的威胁扼杀在摇篮里。刘彻这决定下得十分干脆利落，至于感情一事，他是最拿得起放得下的。

如此，刘彻的这段忘年恋加黄昏恋也就这样惨淡收场了。咱们可能会觉得有些隐隐的失落，可刘彻未必会这样想。他对钩弋夫人也好，对卫子夫也好，甚至对那位因“倾国倾城”之貌而闻名史书的李夫人，都只是他以为的真爱。可真爱的本质本无关一个人的身份、容貌、性情，而是源于信赖，源于这个人是这世上唯一的那个他或她吧。不过，这个真爱标准对于封建帝王而言，显然只是一个毫无意义的伪命题。

【相关史料】

孝武陈皇后，长公主嫖女也。曾祖父陈婴与项羽俱起，后归汉，为堂邑侯。传子至孙午，午尚长公主，生女……使有司赐皇后策曰：“皇后失序，惑于巫祝，不可以承天命。其上玺绶，罢退居长门宫。

…………

卫后立三十八年，遭巫蛊事起，江充为奸，太子惧不能自明，遂与皇后共诛充，发兵，兵败，太子亡走。诏遣宗正刘长乐、执金吾刘敢奉策收皇后玺绶，自杀。黄门苏文、姚定汉舆置公车令空舍，盛以小棺，瘗之城南桐柏。

…………

武帝巡狩过河间，望气者言此有奇女，天子亟使使召之。既至，女两手皆拳，上自披之，手即时伸。由是得幸，号曰拳夫人。拳夫人进为婕妤，居钩弋宫。大有宠，太始三年生昭帝，号钩弋子。任身十四月乃生，上曰：“闻昔尧十四月而生，今钩弋亦然。”乃命其所生门曰尧母门。

——《汉书·外戚传》

卫皇后字子夫，生微矣。盖其家号曰卫氏，出平阳侯邑。子夫为平阳主讴者。武帝初即位，数岁无子。平阳主求诸良家子女十馀人，饰置家。武帝祓霸上还，因过平阳主。主见所侍美人。上弗说。既饮，讴者进，上望见，独说卫子夫。是日，武帝起更衣，子夫侍尚衣轩中，得幸。上还坐，驩甚。赐平阳主金千斤。主因奏子夫奉送入宫。子夫上车，平阳主拊其背曰："行矣，彊饭，勉之！即贵，无相忘。"入宫岁馀，竟不复幸。武帝择宫人不中用者，斥出归之。卫子夫得见，涕泣请出。上怜之，复幸，遂有身，尊宠日隆。召其兄卫长君弟青为侍中。而子夫後大幸，有宠，凡生三女一男。男名据。

——《史记·外戚世家》

3. 孔明和我真不熟

——“善妒”周瑜真面目

【个人简历】

姓名：周瑜

职称：中郎将、大都督

民族：汉

籍贯：庐江（安徽合肥）

性格：胆识过人，雅量高致

特长：音乐、军事策划

父亲：周异

母亲：不详

配偶：小乔（妾）

子：周循、周胤

女：周彻

签名档：好好做个低调有料的高富帅

大众印象：气量狭小，被诸葛亮“三气”而死

参演剧目：《三国演义》《赤壁》《三国》等

【剧情重现】

三国时期的东吴大都督周瑜嫉妒诸葛亮才华，在赤壁一战前夕，决定设计将他除去，于是他命令诸葛亮十日之内造出十万支羽箭以作御敌之用。诸葛亮却说，大战在即，十日太多，改作三日即可。周瑜虽然震惊，但心里却偷着乐。周瑜唯恐诸葛亮说话不算话，还让他当众立下了军令状。

接到任务以后，诸葛亮没有立刻动手，直到第三日的凌晨，他才坐着船向着江北进发。江上大雾弥漫，诸葛亮却只在船舱里和老友鲁肃饮酒弹琴，命军士们向着曹营摇旗呐喊。曹操听到喊声之后，因看不清江上状况，便令弓弩手放箭。等到大雾渐消的时候，诸葛亮命令船只掉头回去。这时二十只船上已经插满了羽箭，超额完成任务，把周瑜气得够呛。[1]

【真相揭秘·雅量高致的真高富帅】

因为罗贯中老先生的一支妙笔和电视剧《三国演义》的热播，周瑜和诸葛亮这对相爱相杀的黄金CP故事已经深入人心。他们一个年少气盛，一个儒雅温润；一个嫉贤妒能，一个心胸宽广。似乎连小孩子都能够在瞬间辨认出他们的形象来。然而，历史总归是历史。历史形象与影视形象之间相隔着一百个文学形象。

周瑜的堂祖父和祖父曾做过汉朝的太尉，父亲和叔父都是省级市的市长，是名副其实的官宦世家。然而，周瑜并没有沾染上一丝官家子弟的坏习惯。相反，他打小文武双全，又是个音乐发烧友，更兼长相俊朗，风度翩翩。这样的条件无论搁当时还是现在，都一定是姑娘们眼里的理想丈夫。

建安四年（199年）十二月，周瑜与孙策一起率军攻占皖城（安徽安庆）。这孙策及其手下的东吴集团是当地最大的一支武装力量。周瑜与孙策从小一起长大，亲如手足。后来还成了连襟。因为就在攻下皖城后不久，他们就分别纳了当地的两个美女大乔小乔做自己的红颜知己。为什么说纳不说娶呢？因为这姐俩的身份极有可能只是妾而非正妻。周瑜与孙策同龄，当时都是二十四岁。就算在现代也快接近晚婚年纪了，而在遥远的汉代，尤其是像他们这种出身贵族的男子，一般十五六岁之时，家人就已

[1] 以上剧情来自电视剧《三国演义》。

经要开始操办他们的婚事了。

所以那个时候，周瑜和孙策已有原配夫人的可能性是比较大的。更何况，汉末门阀观念特别强，依着他们的身份，也不大可能在城破之后，没有禀明长辈的情况下就匆匆完婚。可若是纳妾，程序上就要简单许多。只要长得美，身家清白，一般就没什么问题。说得更直白些，乔家这姐俩，就是破城之后专门为孙策和周瑜准备的战利品。周瑜后来也曾对孙策说过，乔家姊妹虽然历经战乱，但能跟了我俩，也算是她们的福分。言谈之中，除了满满的自信以外，还隐约有一些自负之感。倘若两位乔姑娘真是正妻的话，周瑜当不会用如此居高临下的语气说这样的话。

当然，周瑜有这样的资本。那个时候，他就已经当上了建威中郎将（约等于国防部长），并且凭着战功闻名吴郡，前途不可限量。而彼时的诸葛亮尚在隆中待价而沽，等待自己生命中那个伯乐的到来。两人的成长背景不同，性格不同，所处阵营也不同，甚至在赤壁之战之前，恐怕都没有见面过。到底有什么仇什么怨非要决一高下呢？您不明白，我也不明白。

就在周瑜和小乔结婚后的几个月，吴中发生了一件大事，大将军孙策被人刺杀而死，临死的时候将江东之权交给了弟弟孙权，让周瑜、张昭等辅佐少主。周瑜很难过，可时局并不能让他难过多久。不仅外头有一群虎狼流着口水盯着吴郡这块肥硕地，就连吴郡内部也多有对这位少主不服的人在。周瑜心里明白，只有内部团结了，才能携手去抵御外敌。

所以，孙策死后，周瑜就用君臣大礼来对待孙权。一是向众人表明，如今天下大乱，汉朝眼见着就要灭亡了，咱们的这位少主将来可是有当皇帝的福分的，你们可不准欺负他。二是向孙权表明，您尽管放手去干，我将会永远跟着您，不离不弃。果然，这一招非常有效。吴郡的权力交接就这样平稳地过渡过去了。

不久以后，周瑜还给孙权带来了一位重量级的人才鲁肃——就是《三国演义》中一直被诸葛亮忽悠得毫无还手之力的好好先生。可事实上，这位鲁先生很有才华，也很有政治远见。他提出的“天下三分”之策，比诸葛亮还要早上好几年。为了留住鲁肃的心，周瑜还将鲁肃的母亲接过来好好奉养，让鲁肃非常感动，从此便死心塌地地留在了孙权的身边。

性情好，能力强，周瑜在吴郡的地位显然已经达到了一呼百应的地步，人们对他又敬重又佩服。可有一个人例外，那就是大将军程普。程普和孙权的父亲孙坚差不多年纪，资历很高，所以很看不上周瑜这个“小毛孩”，经常借机生事。周瑜对此倒是很豁达，对他一如既往地客气尊重。时间一长，程普便有些不好意思起来，遂放下架子，主动与周瑜言归于好，逢人便说和周公瑾相处就像喝了蜜酒一样快活。

您瞧瞧，周瑜这样宽宏大量的性情，怎么就成了影视剧中小肚鸡肠的形象了呢？还真有些替他抱屈呢！

【剧情重现】

孙刘联盟为了共同抵御曹操，诸葛亮和周瑜定下了火攻之计。可当时正好是隆冬时节，江面上没有东南风。眼见这么个好计谋没法实施，周瑜不禁急火攻心，当即病倒了。鲁肃见状，就连夜去找诸葛亮想办法，诸葛亮将一张纸条交给了鲁肃，只说周瑜的病他能治。原来那上头说诸葛亮让周瑜建一座“七星坛”，自己登坛作法，就可以向上天借三日三夜的东南风。周瑜一见，果然病就好了大半。

一切布置完毕后，诸葛亮便在“七星坛”上施展法术。等了许久许久，东南风果然来了。周瑜在松了一口气的同时，也就愈发嫉恨诸葛亮了。于是，便在暗地里派了丁奉、徐盛两位将军前去拿下诸葛亮的首级。哪知诸葛亮早有准备，等丁、许二人追赶至江边的时候，他已经坐在一艘小船上随风飘然远去了。[1]

【真相揭秘·他才是赤壁之战的真正指挥者】

倘若让观众说出电视剧《三国演义》中最好看的一段戏，想来，大多数人都会脱口而出——赤壁之战。赤壁之战太精彩了！连环计、苦肉计、借东风、草船借箭……每一幕戏都是一个典故。而每一个典故几乎都要说明一个问题，那就是诸葛亮是天上有地上无的神仙叔叔。可是，历史会很冷漠地告诉您，赤壁之战跟诸葛亮还真没啥直接关系，当时在江上指挥作战的人是周瑜。

赤壁之战的起因源于一场辩论。建安十三年（208年）曹操占领军事重地荆州，并且将下一个目标锁定在建业（南京）。这下东吴内部就炸开了锅了。所以这场辩论会的主题就是要不要投降曹操。正方辩手以张昭为代表，他的意见是：孙将军，如今曹军攻势正猛，咱们恐怕不是他的对手，万一城破，咱们的百姓肯定要遭殃，就连咱们这帮人恐怕也要成为他的阶下囚。但是投降就不一样了，不仅百姓无恙，连我们的身家性命和官位也都能保住，那不是很好吗？反方辩手以鲁肃为代表，他就一句话：孙将军，您赶紧把周都督给叫回来吧！

周瑜当时正在鄱阳督战，一听到同事们撺掇孙权投降的消息，心里就憋了一肚子无法发泄的火。他马不停蹄地回到建业以后，就匆匆去见了孙权。顾不着喝上一口水，就将自己的论点论据一股脑儿地讲给孙权听。首先，咱不能投降，因为咱们不会输。理由一：曹军若要攻打东吴，必然是劳师远征，将士的体力和精力都跟不上；理由二：北方人不习水性，咱们若跟他们拼水上功夫，他们没辙；理由三：虽然曹操有军队八十万，但据

[1] 以上剧情来自电视剧《三国演义》。

可靠消息，不过才十五六万，其中七八万还是从刘表那里接收过来的，人心不齐；理由四：关西还有马超、韩遂在盯着曹操，他若真敢举全国之力前来，也不怕后院起火？

孙权一听周瑜这番有理有据的话，登时就拔出长剑，砍掉了桌子的一角，恨恨地说，谁要再敢提投降，就是下一张桌子！您瞧，周瑜的脑筋多清楚，对孙权的影响力又有多大，完全用不着诸葛亮去“智激”，更出现不了所谓“舌战群儒”的场景。因为说到底诸葛亮是个外人，就算东吴要和刘备结盟抗曹，他仍旧是个外人。疏不间亲，断然不会出现周瑜劝服不了孙权而要劳动诸葛亮去劝的道理。

如此，我们心心念念的赤壁一战就要开打了。第一个出现的重要人物是老将军黄盖。周瑜打黄盖，一个愿打，一个愿挨。说的就是这位大爷！黄大爷说：“周都督，您派人打我一顿吧！我也好去找曹操投降，咱们的计划也就能实现了。”周瑜一见老头华发丛生的样子，便觉得有些不忍，可转念一想，舍不得黄盖套不住曹操。来人，打！

于是，黄盖就这样“背叛”了周瑜，义无反顾地投入了曹操的怀抱。为了取得曹操的信任，他献计让曹操把大大小小的船只都拴在一起以创造出如履平地的效果来：您北方军队不是不习惯水战吗？曹操一听，姜还是老的辣，看看这计谋出得多棒！周瑜看着曹军在江边忙碌的身影，心里不由得乐开了花。黄盖的任务完成得很不错呀，看来等到打了胜仗以后，一定要好好地犒劳犒劳这位大功臣。

终于到了那个激动人心的时刻了！就在孙刘联军和曹军在水上激战的时候，周瑜突然向后一挥手，众将士立刻齐刷刷地向对面射火箭。木船一瞬间就全着了起来。江面之上火光冲天，照得赤壁的夜宛若白昼。周瑜一见此情此景，嘴角不由得露出了一丝笃定而从容的微笑：让你们惦记我们的地盘，这一次，定让你们有去无回！

曹操这下可是真慌了，千算万算也算不到那个看起来老实巴交的黄盖同志竟然会诈降。如今每条船首尾相连，想逃也逃不了，这是硬生生想要把我们烧死在这里啊！曹操不由得仰天长啸，心想莫非这赤壁真要成了他的葬身之所吗？好在他命不该绝。尽管身心受到了巨大的创伤，尽管他的十几万军队死了大半，但他还是在部下的掩护之下逃了出来。一次失败算得了什么，留得青山在不愁没柴烧，曹操的内心可是很强大的。

虽然赤壁之战的规模远没有小说和电视剧里描述得那么大，但它仍不失为中国古代战争史上一次以少胜多的经典战役。周瑜将一个优秀青年将领的胆识和谋略发挥得淋漓尽致。北宋文人苏东坡谈起这事，大手一挥，写下了两句经典的词：遥想公瑾当年，小乔初嫁了，雄姿英发。羽扇纶巾，谈笑间，樯橹灰飞烟灭。真是豪情万丈！

【剧情重现】

周瑜又想和诸葛亮斗法了。这一次，他派了鲁肃去荆州告诉刘备，说周都督可以帮助他们攻打西川，等打下了西川，还请刘备将荆州奉还。实际上是打算趁机偷袭，夺回荆州的控制权。刘备在诸葛亮的提点之下，佯装同意了这项交易。

可就在周瑜集结军士来到荆州城下的时候，却猛然听见四周喊声震天，原来诸葛亮早已识破了周瑜的“诡计”，正好将计就计，来个瓮中捉鳖。周瑜一看便气得捶胸顿足，脸色剧变，旧伤复发，立马就从马上摔了下来。

周瑜回去之后，病情一天比一天重。有一日，他自知不起，便让小乔替他写了一封奏疏（遗书）给孙权。在连叫数声“既生瑜，何生亮”之后，吐血而亡。[1]

【真相揭秘·英年早逝的一代将才】

周瑜死了，是被诸葛亮活活气死的。留给后人的除了一声幸灾乐祸的长叹以外，就是那句著名的“既生瑜，何生亮”了。不得不说，这是周瑜被黑得最惨的一次。

事实上，在赤壁之战以后，周瑜的身体状况就亮起了红灯。可他并没有向组织要求请几天“年假”好好修养身心。相反，他趁热打铁，和程普一起进军南郡，与曹军大将曹仁隔江相持。不久以后，双方便展开了一场激战。周瑜在战斗过程中被流箭伤了右肋骨，登时就晕厥了过去，伤势非常严重。将士们见此情况，便只得先退兵等机会再战。

可周瑜是什么人？他可是生长于乱世中的一代将才。虽然看起来温文尔雅，可骨子里却十分执拗倔强，他可不愿意因为自己而让曹仁捡便宜。于是，他就这样带着重伤前去营帐之中劳军，告知他们自己身体无碍，让他们定要奋勇杀敌，打赢这重要的一仗。如此，吴军士气大振，再次出战之时，打得曹仁铩羽而归。

这才是真正的周瑜。作为彼时吴军之中最重要的将领，他既要运筹帷幄，又要亲上战场，加之还要养伤，他可是很忙的。根本没有时间，也没有体力和精力去挖各种坑让诸葛亮跳。所谓“一时瑜亮”，不过只是小说家和编剧们精心创作出来的故事而已。虽然不得不承认，这样的戏剧冲突强烈的故事的确非常好看。但若要谈历史，咱们就不得不要较真是非曲直了。

建安十五年（210年），周瑜再次向孙权请战攻打益州。这一次，孙权却有些犹豫了，犹豫的原因不是这场仗该不该打，而是该不该派周瑜

[1] 以上剧情来自电视剧《三国演义》。

去打。这倒不是信不过周瑜的能力，也不是有些影视剧中说的怕他功高震主，而是担心他的身体状况。孙权对周瑜一向是十分信赖和关心的。周瑜的母亲吴国太曾经对他说过，公瑾只比你的哥哥小一个月，你得像对待你的哥哥一样去对待他。孙权也算是一代英主，谁好谁歹他自然分得清楚。

不过最终孙权也拗不过他，几番思量之后，便只好下了决心让他出征。可让孙权万万没有想到的是，这一次的分开便是永别了。

周瑜回到驻地后，还未来得及出征就染了病，加之他前两年的旧伤未愈，所以病情十分凶险。大夫们虽竭尽所能医治，却还是没有能挽回周瑜的命。周瑜死的时候才三十六岁，正是可以一展宏图、大有作为的好年纪。

说起年纪，还有个挺重要的误会要解释。很多年来，由于影视剧中演员的装扮，以及对周瑜和诸葛亮的性格固化印象，大多数人都会以为周瑜是个横冲直撞的“愣头青”，而诸葛亮是个成熟稳重的帅大叔。事实上，周瑜要比诸葛亮年长六岁，出道也比诸葛亮要早得多。

接着说正题，周瑜病逝的消息传来，孙权大为伤心，当即就忍不住失声痛哭起来。论私，那是他的兄长级挚友，有着所谓通家之好；论公，那是他手下最重要的一个将领，黄盖程普年事已高，吕蒙陆逊还差点火候，而周瑜，刚刚好。

之后，孙权特意为周瑜穿了丧服，亲自迎接周瑜棺椁回城。左右见到此情此景，心中都十分感动。孙权唉声叹气地对左右说道：“公瑾实为王佐之才，有辅国之功，天不假年，也是无可奈何。”

等孙权当了吴国皇帝之后，依然对周瑜念念不忘，说如果没有周瑜，就不会有现在的他。可见其对于周瑜的感情的确非同一般。假使周瑜真能看到孙权有这一天，应当也会非常高兴的。

【相关史料】

周瑜字公瑾，庐江舒人也。从祖父景，景子忠，皆为汉太尉。父异，洛阳令。瑜长壮有姿貌。初，孙坚兴义兵讨董卓，徙家于舒。坚子策与瑜同年，独相友善，瑜推道南大宅以舍策，升堂拜母，有无通共。

…………

权遂遣瑜及程普等与备并力逆曹公，遇于赤壁。时曹公军众已有疾病，初一交战，公军败退，引次江北。瑜等在南岸。瑜部将黄盖曰："今寇众我寡，难与持久。然观操军船舰，首尾相接，可烧而走也。"乃取蒙冲斗舰数十艘，实以薪草，膏油灌其中。裹以帷幕，上建牙旗，先书报曹公，欺以欲降。又豫备走舸，各系大船后，因引次俱前。曹公军吏士皆延颈观望，指言盖降。盖放诸船，同时发火。时风盛猛，悉延烧岸上营落。顷之。烟炎张天，人马烧溺死者甚众，军遂败退，还保南郡。

…………

瑜与程普又进南郡，与仁相对，各隔大江。兵未交锋，瑜即遣甘宁前据夷陵。仁分兵骑别攻围宁。宁告急于瑜。瑜用吕蒙计，留凌统以守其后，身与蒙上救宁。宁围既解，乃渡屯北岸，克期大战。瑜亲跨马擽陈，会流矢中右胁，疮甚，便还。后仁闻瑜卧未起，勒兵就陈。瑜乃自兴，案行军营，激扬吏士，仁由是遂退。

…………

瑜还江陵为行装，而道于巴丘病卒，时年三十六。权素服举哀。感动左右。丧当还吴，又迎之芜湖，众事费度，一为供给。

——《三国志·吴志·周瑜传》

4. 他要的从来不是风花雪月

——“七步”才子曹植真面目

【个人简历】

姓名：曹植

职称：临淄侯、鄄城王、东阿王、陈王

民族：汉

籍贯：沛国（安徽）

性格：重情重义，潇洒善良

特长：书法、文学、剑术

父亲：曹操

母亲：卞氏

配偶：崔氏、谢氏

子：曹苗、曹志

女：曹金瓠、曹行女

签名档：我不爱权力，但我爱我的国家和百姓

大众印象：文学上的高人，政治上的矮子

参演剧目：《三国演义》《三国》《新洛神》等

【剧情重现】

魏王四公子曹植因才学而天下闻名，所到之处，总能引起许多人注目。曹操很喜欢这个聪明伶俐又才华横溢的儿子，几次都想要将他立为自己的继承人。但是由于曹植身上所具有的那种浪漫主义文人心性，让他为人处事总不拘礼法，我行我素，没有一个作为政治家的稳重。久而久之，

曹操就开始动摇起当初的那个想法了。

为了给他最后一次机会，曹操令曹植为征虏将军，远征蜀地，曹植却因宿醉而贻误了出战的时间。曹操知道后大怒，从此对曹植彻底地失望了。不久，曹操便立了在政治上更为成熟的次子曹丕为魏王世子。[1]

【真相揭秘·忧国忧民的豪门公子】

其实，所有影视剧中对于曹植的刻画并没有大错，只不过都太过片面化。因为咱们要深入地研究一个人，则需要了解他的全部。就像咱们面对一个不熟悉的朋友之时，很有可能会小心翼翼，但并不能说你就是个内向的人，说不定在闺蜜面前，能一秒就能变成话痨呢？

曹植刚刚出生的时候，父亲曹操还远没有后来那么大的势力，充其量也不过是非正规军的司令而已。当然，这样的出身比起在乱世中忍饥挨饿的老百姓还是要强出许多的。心理学告诉我们，人的童年经历很有可能会影响到人一生的发展。曹植的幼年与童年基本上都是在军队中度过的，看到的都是真刀真枪的打仗，而不是军事演习。所以他绝对不是什么不谙世事、只知风花雪月的风流公子。

十五岁那年，曹植跟随父亲北征乌桓。乌桓在今天的内蒙古地区，在那个时代绝对属于蛮荒地区。征服此地绝对不是为了搞经济建设，而是为了免除后患。万一我在前头忙着争地盘，你在我背后插一刀，后果不堪设想。毕竟，游牧民族的彪悍战斗力可是举世皆知的。如此，有着长远战略眼光的曹操决定尽早剪除后患。

虽然对当地艰苦条件早有预料，但真到了那里，曹植小小的心灵还是受到了极大的撞击。因为恶劣的自然条件，当地人的皮肤大多红肿粗糙，

---

[1] 剧情来自93版电视剧《三国演义》。

连八九岁的小女孩也不能幸免。再看看他们的衣服，几乎连最基本的保暖功能也没有，只能瑟缩在茅草屋里互相围坐在一起取暖。曹植很难过，为这些在乱世中受苦受难的老百姓难过，也为自己无力解救他们于落后贫穷而难过。

这样的英雄主义心性与咱们现代青少年其实也有几分相像。咱们小的时候不也做过像化身奥特曼打倒所有破坏和平的小怪兽的梦吗？然而，咱们的梦想终究只是梦想，而曹植却仔仔细细地把他看到的记录了下来：

八方各异气，千里殊风雨。

剧哉边海民，寄身於草墅。

妻子象禽兽，行止依林阻。

柴门何萧条，狐兔翔我宇。

平心而论，与他后来创作的众多传世名作相比，这首《泰山梁甫行》不论遣词还是构思都算不得是上乘，不过只是类似日记的写实诗而已，可它的立意和影响却不可谓不深远。建安时期反映百姓离苦的文学作品有很多，但体现边地百姓生活的便只此一首。一个“官二代”小少年能够有这样敏锐的观察力和富有同情心的笔触实在难能可贵。

历史教科书通常把曹植定位为文学家。什么是文学家？文学家手中有一支笔，可以任意变幻身份，记录下一切有趣的、难过的、不平的事。曹植的确是文学家。在他早期的很多五言诗中，咱们可以看到他常常会用一个女子的口吻来诉说自己的不幸遭遇。

比如说，我十五岁嫁给你，任劳任怨，从小甜心熬成了黄脸婆，如今你硬塞给我一个罪名，不就想休了我吗？[1]

比如说，我们刚结婚的时候，你的甜言蜜语说得我都脸红。咱们一起

[1] 结发辞严亲，来为君子仇。恪勤在朝夕，无端获罪尤——曹植·浮萍篇。

吃饭一起睡觉，一起弹琴一起唱歌，说好的白头到老，你却又喜欢上了年轻小姑娘。[1]

又比如，你出去打工，一走就是十年，连个电话也不打给我，我想你想得茶饭不思，神思恍惚，你心里到底有没有我啊？[2]

咱们都知道，艺术是来源于生活的。曹植的创作水平再高，没有深入民间看过听过类似的场景和故事，也是断然不能将人物的形象把握得如此精准生动的。就像现代有很多作家续写《红楼梦》，语言没问题，人物性格没问题，情节也差强人意，可和原著比，总觉得缺了点灵魂深处的东西。每个时代都有其不同的精神内核，这可不是光凭学识就能够弥补得了的。

可曹植并不只是文学家，他要的生活并不只是当一个富贵闲人。他上过战场，也希望可以马革裹尸。有一次，曹植跟几个朋友在一起喝酒聊天。聊到兴头上的时候，他突然起身，拔出腰间的长剑。朋友们被唬了一跳，心想他醉酒伤了他们是小事，万一伤了自己，那可是丞相公子，他们有九条命也赔不了啊。

还没等他们整理好乱麻一样的头绪，曹植就在他们面前舞动长剑，边舞边赋诗一首，将他毕生的理想全都寄于其中。这首《白马篇》很长，简单说来就是一位少年游侠建功立业，报效祖国的故事。最后一句是这么写的：捐躯赴国难，视死忽如归。很燃很励志！

---

[1] 与君初婚时，结发恩义深。欢爱在枕席，宿昔同衣衾。窃慕棠棣篇，好乐和瑟琴。行年将晚暮，佳人怀异心——曹植·种葛篇。

[2] 借问叹者谁？言是宕子妻。君行逾十年，孤妾常独栖。君若清路尘，妾若浊水泥。浮沉各异势，会合何时谐——曹植·七哀。

【剧情重现】

建安九年，曹操率军破冀州城，俘虏了老弟兄袁绍的家眷。等到曹军攻入大殿的时候，一众女眷们抱在一起瑟瑟发抖。这个时候，一个满脸尘土的女子走上前慷慨陈词，流着眼泪说尽了自己的委屈。泪水洗尽了她的脸，很快就露出了她倾国倾城的容貌。原来她就是袁绍次子袁熙的妻子，名满天下的美女甄氏。

曹家父子三人都喜欢甄氏，可甄氏却与才华横溢的曹植两情相悦。曹丕告诉甄氏，她若肯嫁他为妻，他便将世子之位让予曹植。为了能让曹植有个好前途，甄氏答应了曹丕的要求，可曹丕并没有兑现他的承诺。江山、美人尽失的曹植万念俱灰，在前往封地鄄城的途中写下了千古名篇《洛神赋》，以纪念这段求而不得的感情。[1]

【真相揭秘·他的洛神并非甄氏】

曹操收拾完老对手袁绍的那一年，曹植只是个十三岁的小正太。虽然并没有像他父兄一样有问鼎天下的野心，但曹植看到他们老曹家从此就能坐稳中国北方第一把交椅，心中还是忍不住升腾起一阵阵的骄傲自豪来。

俗话说得好，好事要成双。这不，老曹家的又一桩大喜事顷刻就在眼前了——十八岁的曹家二公子曹丕就要成亲了，娶的还是闻名天下的大美女甄氏——袁绍的二儿媳妇。袁家倒了，这位袁夫人非但没被杀没被卖，还改嫁给了如今天下最炙手可热的曹家公子做正妻，可见有一张漂亮的脸在古代有多么重要。

小正太曹植见到这么好看的嫂嫂，出于爱美之心，或许会多看两眼。不过，最多也仅仅止于此而已。他们两个之间并没有像后世好事者以及现

[1] 以上剧情来自电视剧《新洛神》。

代编剧想象的发生过一见倾心般的感情，因为成就一段轰轰烈烈的感情的原因有很多，其中最重要的一点是性格。

性格太重要了。根据一个人的性格，我们可以了解并判断出很多事情。尽管曹植性格确实豪爽潇洒，但绝对不是那种离经叛道、将礼教抛之脑后的浪荡公子。在他的很多文学作品中，都可以轻易看出他其实一直很主动地遵循那个时代关于君臣、父子、兄弟之间的相处规则，这个咱们后面可以再慢慢聊。所以，这位甄氏既已嫁给他的哥哥为妻，他无论如何也不会有些什么别的想法的。所以南宋诗人刘克庄就曾说，“《洛神赋》子建寓言也，好事者乃造甄后以实之。使果有之，当见诛于黄初之朝矣。”意思是说，如果曹植真有此念头，那么早就该被杀了。可见这是个明白人。

再者是年龄。年龄也很重要啊。十三岁的小少年和二十三岁的已婚少妇一见倾心的可能性能有多大呢？当然，您也可以说是日久生情。不过这个也有问题，就算汉魏时候民风开放，但叔嫂之间究竟能有多少见面的机会继而生情呢？

最后就是《洛神赋》。《洛神赋》写得太好了，好到让人忍不住起了八卦之心。因《洛神赋》原名《感甄赋》，所以唐朝的时候有人就编造出了这么一个叔嫂相恋的故事，洛神名宓妃，便贴心地为甄氏取了个“甄宓”的闺名。可唐朝和汉魏之间远隔四百余年。倘若他们之间真有一段可歌可泣的爱情，缘何要等到四百年以后才被人扒出来呢？原因可能是出于人们同情弱者的心理因素。虽然你曹丕后来当上了皇帝，可曹植才是最初被曹操选定的接班人，就连他的皇后心中的挚爱也是曹植。您说，谁才是最后的赢家呢？

其实，古时的“甄”与“鄄”通用。这感甄二字，大概是曹植对当时身为鄄城王的自己的顾影自怜，实在和那位甄姓嫂嫂没有任何关系。至于这位“翩若惊鸿，婉若游龙”、令曹植爱而不得的洛神究竟是谁？或许，她真的只是传说中的洛水女神。曹植那日突然有了灵感，想写一篇神话故事了，难道不可以吗？

不过如果真的对曹植的私生活感兴趣的话，我倒可以穿越成娱记，帮您去打探一下。曹植在十七八岁的时候，迎娶了清河崔氏的女儿为正妻。在门阀观念极强的东汉末期，这崔家可是一等一的豪族世家，和曹氏绝对算得上是门当户对。想也知道，一个是才华横溢的多情公子，一个是出身名门的大家闺秀，感情自然相当要好。二人婚后共育有一子二女。可惜那个时候的医疗水平实在有限，这三个孩子都没能长大成人，两个女儿更是活了几个月便夭折了。哀恸不已的曹植为他们写下了《金瓠哀辞》和《行女哀辞》以作永久思念。

虽然孩子没能保住，可只要孩子他妈还在，只要他们的感情还是一如既往，还怕将来不能子孙满堂吗？可事与愿违，没过几年，崔姑娘就自杀身亡。为什么一个正沉浸于幸福之中的女子会做出这样的傻事呢？原因很简单——被迫。而且是被她的公公，曹植的父亲曹操逼令自杀的。理由是说崔姑娘穿了一件华丽的衣服，违反了中央厉行节俭的规定。[1]

当然这只是比较隐晦的说法，真相是当时曹操已经决定放弃性格欢脱的曹植而立曹丕为世子，为了让朝臣看清他的决心，曹操先后杀了崔琰（崔氏的叔父）以及杨修（曹植的哥们）等与曹植亲近的人，而崔氏显然也是受此所累。

曹植很难过，但也仅仅只是难过而已。他不能，也不敢去反抗他的父亲。因而尽管曹植家世好、性格好、人品好，可单从这一点上看，他仍不是一个从现代女性角度上看的好老公，虽然这并不是他的错。

之后的很多年，曹植都没有续弦，直到曹丕登基以后才又娶了一名谢

[1] 植妻衣绣，太祖登台见之，以违制令，还家赐死。（《魏晋世语》）

氏女为妻，也算是全了旧时的一片情意了。

所以如果曹植的洛神真有所指的话，也应是他的这位原配崔姑娘。“执眷眷之款实兮，惧斯灵之我欺。感交甫之弃言兮，怅犹豫而狐疑”，满满的深情与思念。

【剧情重现】

曹丕改朝换代以后，对兄弟们，尤其是对曹植采取了政治上打压、生活上监视的态度。为了给曹植罗织罪名，曹丕限曹植在七步之内成诗。才思敏捷的曹植却顺利地应对了这次刁难，并以“本是同根生，相煎何太急”之句让曹丕在深感失望的同时又有了一点愧疚之意。

可死罪可免，活罪却难逃。在一群幕僚的精心指导（怂恿）之下，曹丕本想将曹植远远地打发去荒蛮之地。幸好有曹植母亲卞太后从旁劝解，曹植才得以顺利返回封地鄄城，只不过从此以后，他就彻底地消失在了政治舞台上。[1]

【真相揭秘·惊人的政治远见】

在小说和电视剧中，曹植的故事随着那首著名《七步诗》的出现而结束。可事实上，尽管曹植的后半生过得确实憋屈，但可聊的话题却很多，或许只要从他的后半生经历才能让我们看出，他究竟是一个什么样的人吧。

黄初四年（223年）五月，回京述职的曹植胞兄曹彰突然就死了。直到现在，曹彰的死因仍旧没有一个定论。丧礼尚未完毕，曹丕便急令有司“护送”前来吊唁的曹植与其庶弟曹彪返回封地。二人本想顺道一起回

[1] 剧情来自93版电视剧《三国演义》。

去，不料却在半路受有司刁难，不得不中途分离。曹植很生气，就在《赠白马王彪》一诗中，言辞激烈地斥责了有司们狐假虎威的小人作风——鸱枭鸣衡轭，豺狼当路衢。苍蝇间白黑，谗巧令亲疏。

那时的曹植就算不得重用，也是天子之弟，堂堂王侯之尊，倘若没有经过曹丕某种暗示性的话语，那些有司是万不敢行如此之事。这一点，曹植不会不知道。但前头咱也说过，曹植的内心对于封建礼教其实是极其信奉的，所以他宁可相信他所受的种种委屈是小人的陷害，而不是君王的苛待。这是他的教养，也是他的悲剧。

两年后，曹丕在洛阳病逝。一朝天子一朝臣，这对于在魏国朝廷一直郁郁不得志的曹植而言，似乎是一个利好消息，不过那也仅仅只是“似乎”而已。就算曾经闹得不可开交，但终究是自己同父同母的兄长，曹植不免生出了许多发自肺腑的伤感来。他也渴望兄友弟恭，渴望做他的左膀右臂。可惜事与愿违，如今，一切的恩恩怨怨都已经烟消云散了。

曹植在魏明帝曹叡登基后不久，便向他上书请战，文中旁征博引了许多古代忠臣名将的故事，追忆他跟随曹操一起南征北战的峥嵘岁月。祈求曹叡能给他建功立业的机会。“庶立毛发之功，以报所受之恩”，可谓情真意切。然而曹叡对此不过只是盛赞几句叔父的文采斐然，至于藏于文采背后的政治主张以及政治愿望，则被曹叡选择性地忽视了。

那时的曹叡是个意气风发的青年人，在很多事上，他都采取了与曹丕截然不同的处置方式。比如他立马启用了大将军司马懿，给青黄不接的魏国朝廷带来了一份新的气象。但是在对待曹植的问题上，曹叡却忠实地秉承了曹丕的主张，甚至有过之而无不及，那就是不理不睬，严加防范。

就在曹植上了这份表文后的第二年，曹叡便将曹植封地徙为雍丘，不久，又转而迁至东阿。这样频繁地迁徙给曹植平添了几分身体及精神上的负担。在东阿的那些日子里，陪在他身边的是妻子谢氏和幼子曹志，一家人相依相守，日子无论如何都不能说过得太差。

但是这样平稳得有些窝囊的生活显然不是曹植所要的。他虽生于乱世，长于王侯之家，可心性到底过分单纯，所以他既无法去争，又不懂得自保，既想随遇而安，又心有不甘。

太和五年（231年），年届不惑之龄的曹植再度上表朝廷，向曹叡表达了自己对于政局的看法。他劝谏曹叡要放下过往的成见，允许诸侯王之间正常交往，并给予他们相应的实职。以骨肉至亲权衡外姓朝臣，才可保得魏国江山无虞。

“盖取齐者田族，非吕宗也；分晋者赵魏，非姬姓也。惟陛下察之！苟吉专其位，凶离其患者，异姓之臣也。欲国之安，祈家之贵，存共其荣，没同其祸者，公族之臣也。今反公族疏而异姓亲，臣窃惑焉！”

——《上疏陈审举之义》

曹植举了春秋战国时期的两个例子。说取代齐国的不是吕氏宗亲，而是田氏贵族，分裂晋国的不是姬氏子弟，而是赵魏诸侯。当时司马懿的势力如日中天，两个儿子军功卓著，在朝内可谓一手遮天。曹植认为，当国家发展到如此地步的时候，权臣的威胁要比宗亲大得多，亲异姓而远公族的做法是不可取的。故而他才会请皇帝要加强对异姓之臣权力的约束。家和才能国安，能真正与皇帝同心，共担国家荣辱的，只有“公族之臣”。

这样的观点对于当时看似蒸蒸日上的魏国朝廷来说，可谓异端。然而在今人看来，不能不说是极具有预见性和前瞻性的。或许是长期的精神压抑导致的沉疴，或许是由于他已然认清了自己的处境，所以这一次，曹植并没有为自己求得什么。他所写的句句诤言，不过是出于心性日渐成熟后的政治敏锐性，为着这个他亲眼看着建立和发展起来的国家好。

可惜，这样微弱的声音轻而易举地就被司马氏父子连连奏响的胜利号角所淹没。太和六年（232年），曹植在陈郡病逝。王于兴师，修我戈矛，与子同仇。他一生所怀的执念，到底还是落了空。

景初三年（239年），曹叡驾崩，临终时将年幼的太子曹芳托付给武安侯曹爽与大将军司马懿。正始十年（249年），司马懿起兵诱杀曹爽，独揽大权，史称“高平陵事变”。14年后，其子司马炎逼魏帝曹奂退位，晋立，魏国亡。

曹植生前最担心的事情终究还是成了真。

【相关史料】

《三国志》：性简易，不治威仪。舆马服饰，不尚华丽。每进见难问，应声而对，特见宠爱。建安十六年，封平原侯。十九年，徙封临菑侯。太祖征孙权，使植留守邺，戒之曰：“吾昔为顿邱令，年二十三。思此时所行，无悔於今。今汝年亦二十三矣，可不勉与！”植既以才见异，而丁仪、丁廙、杨脩等为之羽翼。太祖狐疑，几为太子者数矣。而植任性而行，不自雕励，饮酒不节。文帝御之以术，矫情自饰，宫人左右，并为之说，故遂定为嗣。二十二年，增植邑五千，并前万户。植尝乘车行驰道中，开司马门出。太祖大怒，公车令坐死。由是重诸侯科禁，而植宠日衰。

…………

其年冬，诏诸王朝六年正月。其二月，以陈四县封植为陈王，邑三千五百户。植每欲求别见独谈，论及时政，幸冀试用，终不能得。既还，怅然绝望。时法制，待藩国既自峻迫，寮属皆贾竖下才，兵人给其残老，大数不过二百人。又植以前过，事事复减半，十一年中而三徙都，常汲汲无欢，遂发疾薨，时年四十一。

——《三国志·魏书》

5. 最不可思议的洗白

——“情圣”高湛真面目

【个人简历】

姓名：高湛

职称：亲王、皇帝

民族：汉

籍贯：渤海蓨县（河北景县）

性格：暴虐阴狠，荒淫好色

特长：打仗

父亲：高欢

母亲：娄昭君

配偶：胡氏

子：高绰、高纬、高俨、高廓、高贞、高仁英等十三子

女：永昌公主、东安公主，另有一女封号不详

签名档：身为皇帝，玩的就是心跳

大众印象：英俊帅气、友爱兄弟，又专情专一的好男儿

参演剧目：《陆贞传奇》《兰陵王》等

【剧情重现】

北齐皇帝驾崩，皇后娄氏欲扶持儿子高演继位。高演与异母弟高湛感情很要好，觉得自己的才能比不上高湛，况自己父皇生前最喜欢的儿子也是高湛，便有意等在外游历的高湛回来之后，支持他当皇帝。娄氏大怒，联系了诸位重臣，强行让高演登基。

同时，为了永绝后患，娄氏在高湛回京的途中，安排了刺客在水中伏击。寡不敌众，高湛失踪，刺客传回来的消息是高湛已死，娄氏大喜，终于卸下了心中一块大石。在高湛的灵堂之上，娄氏假心假意地追封高湛为皇太弟。哪知旨意刚念完，高湛就活着回来了。

骑虎难下的娄氏让人替高演广选美人充实后宫，只为了可以使她们多多替高演诞下子嗣，这样就能废了高湛的储君之位。高湛知道娄氏对自己的恨意，也知道当年是她害死自己的母亲，非常想为自己和母亲报仇，但念及和高演的兄弟情义，心中就开始矛盾了。[1]

【真相揭秘·血腥的登基之路】

这么些年，为了剧情需要，很多历史人物都强行被影视剧抹黑洗白。平心而论，对于一般看热闹的观众而言，只要人物形象塑造得够丰富饱满，只要情节能打动人心，这就是一部成功的作品。然而，正因为这些作品涉及历史，我们也应当去大致了解一下真正在历史中存在过的他们。在这众多的影视剧中，被洗白得最彻底，也最不可思议的无疑是北齐的武成皇帝高湛。

其实，中国的每一个王朝都有其自身的性别特点。比如，汉朝像一个武功盖世的济世侠客，唐朝像一个文武双全的奇伟男子，宋朝则像一个温文尔雅的大家闺秀。而南北朝中的北齐王朝则没有性别，至少没有专属于人类的性别。这样说大概有些高深莫测。其实也并不难懂，因为北齐在历史上有个绰号叫“禽兽王朝”。那是相当难听啊！

北齐连带着死后被追封皇帝的高欢和高澄之外，一共有七位君主。高欢没得说，那是一代枭雄，一手打下了他们老高家的江山，没啥可黑的。

[1] 以上剧情来自电视剧《陆贞传奇》。

可其他的那六位的大脑机能基本都有些紊乱，精神活动也有些障碍。这当然是很专业的说法，翻译成大白话就是神经病！

高欢的儿子高澄，也就是咱们熟悉的兰陵王的老爹，虽然在打仗方面挺有天赋，但私生活实在过于不堪。十几岁的时候，高澄就和庶母勾搭上了，还把几个美貌的弟媳妇占为己有，后来更是公开命令手下抢臣子们的漂亮老婆当小妾。再后来，高澄就死了，被谋杀而死。

高澄死后，二弟高洋继承了他的位置。这位小爷是个典型的暴露癖加变态狂，平时喜欢赤身裸体地满大街跑，一言不合就杀人，杀男人，也杀女人，而且是虐杀，杀完还不忘将尸体再加工（具体情景可脑补，也可观看美国出品的各种恐怖片）。可能是因为杀戮过重的缘故，高洋三十岁就驾崩了，死前将皇位传给了儿子高殷，并令六弟高演辅政。

高演这个人虽然不像电视剧中描述的那样温柔专一，但和他的几个兄弟和侄儿们相比，也总算好了那么一点点。为什么只有一点点呢？因为高演自诩文韬武略都强于诸位兄弟，如今竟然要对着自己才十四岁的侄儿俯首称臣，心中自然不服气，而且是很不服气。高演的九弟高湛也想要坐上那把明晃晃的龙椅，可他不想自己去夺，而是要有人替他去夺。有一次，高湛约了高演一起外出打猎。期间，两人讨论出了一个惊天大阴谋，那就是废了高殷，让高演当皇帝。于是很快，他们将这个计划付诸实施，并且取得了圆满的成功。

对了！高演和高湛是一母同胞，母亲都是娄昭君娄太后。所以所谓娄太后害死高湛母亲，并且为了高演而屡屡派人暗害高湛的剧情都是胡扯。娄昭君在史书上的名声并不坏，《北齐书》上说她“性宽厚，不妒忌，神武姬侍，咸加恩待”。这在古代无论如何都算得上是一位让男人放心，让妾室安心的好女人了。可为了彰显男主的高大形象，也就只能委屈娄昭君变成南北朝版的吕后了。当然，吕后也有吕后的可怜之处。

高演自从杀了侄子以后，整天就担心他会化成厉鬼来找自己报仇。所以说，人是不能做一丁点儿亏心事的。为了防止自己真被厉鬼叼走，高演不但找来了很多法师驱鬼，还命令侍卫们每夜点着火把守护在自己的身边。如此，他的心情才稍微放松了一点。然而，仅仅过了一年，高演就得病死了，遗诏命高湛继位。

这可不是因为哥俩感情好，也不是因为高湛能力强，而是因为不得已。高湛不是什么好人，这个高演是知道的，如果自个儿的儿子登基，想来没几天就能和自己团聚了。不如就发扬风格，直接传位高湛得了。除了诏告天下的公文，高演还给高湛留了一份遗书。大致内容是说，你要的东西我已经给你了，希望你能够善待我的孩子们，不要走我当年走过的老路。单从这点看来，这高演也算得上是一位识时务的聪明人。

如此，高湛通过迂回的方式得到了自己想要的东西。当皇帝的滋味，那可太舒爽了！

【剧情重现】

因为受到娄皇后的迫害，高湛被刺客所伤，生命垂危。幸而被一个富商家的女儿陆贞所救。陆贞告诉他，她为继母所陷，被全城通缉。高湛感谢她的救命之恩，又感念彼此同病相怜，对她心生好感。陆贞为了躲避追捕，去宫里应征女官。

进入皇宫之后，陆贞因为出众的相貌和能力受到了上司的赏识，但同时也卷入了和皇帝高演、萧贵妃以及皇储高湛的感情纠葛之中。高湛因为钟情于陆贞而拒绝了很多女子的表白。两个人在经过了很多的磨难之后，心贴得越来越近。陆贞也靠着自己的努力，做到了三品女官的高位。

高湛登上皇位之后，非常想将陆贞立为皇后。但遭到了很多大臣的反对，高湛的内心非常痛苦。但陆贞却告诉他，他们之间的感情已经不需要用一个皇后的名位来证明了。于是，高湛将陆贞晋封为一品女侍中，成了朝堂之上的一把手。[1]

【真相揭秘·老婆还是二哥家的好】

电视剧中的高湛太好了，好到几乎偷走了所有女观众的心。虽然有情人没能终成眷属，但人的一生中能够这样惊天动地地和自己喜欢的人爱一场，结局似乎也变得不那么重要了。

尽管真相可能很残忍，但是咱们还是得知道，历史上真正的高湛和电视剧中的那个高湛形象的重合之处，也只限于这“高湛”两个字。高湛对于漂亮女人一向是很没有抵抗力的。可是令他感到很遗憾的是，这些漂亮老婆多半都是他的二哥高洋家的。不过这也不是什么大问题，反正高洋也已经死了。

于是，高湛在登基后不久，就把他那几个貌美的嫂子抢到了宫里。其中，他最喜欢的是高洋的皇后李祖娥。据说这位李皇后生得倾国倾城，像一朵花似的。对于高湛的一切示爱，李祖娥当然是一口回绝。那可是自己的小叔子，虽然当时社会对女子的要求远没有明清时那般严苛。但是乱伦这种事，一般好人家的女子都是不会去做的。高湛见自己的一片“真心”得不到半分回应，心里很生气。于是，他使出了一招撒手锏，就马上让她乖乖地从了。这个撒手锏就一句话：你还想不想让你的儿子活命了？

李祖娥和高洋一共有两个儿子，大儿子就是前头咱们说的被高演和高湛合伙废杀的高殷，小儿子名叫高绍德，当时只有十五六岁。用这个独苗的性命来换取李祖娥的顺从，这个高湛是真卑鄙。可所有人都拿这么卑鄙的人没有法子，谁叫他是皇帝呢？

---

[1] 以上剧情来自电视剧《陆贞传奇》。

就这样，高湛日日留宿在李祖娥的寝宫之中，做着那些不可描述的勾当。突然有一天，李祖娥身体不舒服，太医一看，脸上写着满满的尴尬。原来李祖娥已经怀了几个月的身孕了。这在其他妇人看来，绝对是一桩大喜事，可对李祖娥而言，则无异于是晴天霹雳，打得她里嫩外焦。不过高湛倒是挺高兴的，孩子当然越多越好，何况还是自己喜欢的女人所生的孩子呢。于是，他赶紧嘱咐太医和侍候李祖娥的婢女，一定要好好地做好她的保胎工作。

李祖娥心里的苦水真是没地方倒。十个月后，她生下了一个女儿。不知道是“恨屋及乌”，还是得了严重的产后忧郁症，总之，李祖娥和高湛的女儿一出生就被她亲手掐死了。高湛知道以后，火冒三丈，抓着李祖娥的肩膀就跟她说，你敢杀我的女儿，我就杀你的儿子。说着，高湛就让侍卫把高绍德带进了宫，当着李祖娥的面将他活活打死。

高湛看着倒在地上行状疯狂的李祖娥，心里还不解气，拿起手边的皮鞭就狠狠地抽打了她几十下，直到把她抽得皮开肉绽、血肉模糊了才肯停下来。后来高湛让人把她装进一个麻布袋里，扔进了宫里的臭水沟。

这样凶残暴虐的皇帝，当真是古今少见！不过这还没完呢！高湛手里的冤魂可不止这几条。高湛的侄子（长兄高澄长子）高孝瑜因为劝谏高湛远离佞臣，被高湛强灌了三十七杯酒后，丢进水里活活淹死。高孝瑜的三弟高孝琬听到噩耗之后，心里十分愤怒，为了发泄他的愤怒，他就在府里射稻草人。高湛听说以后，硬说这稻草人是自己，想要谋害自己的人该是什么下场呢？当然只有一个。于是，高湛就把高孝琬抓进监狱，把他折磨够了以后，就一刀结果了他的性命。真是惨无人道！

不过，当时的朝堂之上倒是有一个人挺合高湛的口味，他就是侍中和士开。和士开商人出身，很会算计人心。在他看来，搞定这个阴晴不定的暴君也不是什么难事，只要一切都顺着他来就行了。高湛不理国事，喜欢享乐。和士开就跟他说，陛下啊，您看从古到今有那么多的皇帝，现在一个个都埋进了土里，是尧舜还是桀纣，显然也就没那么重要了，所以陛下您趁着年轻就得疯狂地玩一把。如果您暂时没有想好什么好玩的玩法，臣也可以替您想。

在心理学上有个术语叫“同理心”。同理心运用得好，是很容易拉近彼此之间的距离的。而和士开明显已经领悟到了其中的秘诀。高湛对这个知冷知热的好臣子真是一百二十万分的喜欢。喜欢到什么程度呢？连他和皇后胡氏私通这样的事情也能不计较。在高湛看来，能用一个女人来换取一个和自己心有灵犀一点通的臣子，真是再划算不过的买卖了。

看吧！历史上的高湛对于女人的态度就是这个样子的！所以“禽兽王朝”的叫法并非没有道理。不过，“动物世界”告诉我们，动物们其实也是有感情的，而人一旦变态起来，真是连最低等的动物也不如了。

【剧情重现】

梁国永世公主萧唤云原先是高湛青梅竹马的恋人，却因为娄太后的从中作梗而被迫嫁给了高演，成为他的贵妃。虽然高演对她百般疼爱与包容，但她的心中依旧只有高湛一人。她看着高湛与女官陆贞相爱，嫉妒与憎恨之情丛生，因而屡屡陷害陆贞，使高湛陷入两难境地。

好在到了后来，萧唤云终于明白了高湛对陆贞独一无二的真爱，自己也渐渐被高演的爱感动，终于真正接受了他的心，两个人幸福生活，还有了属于他们的孩子。娄太后为了达到自己掌控权力的目的，不惜引南陈军队攻齐，为了保护怀有身孕的萧唤云，高演中箭而死。

萧唤云生下高演的儿子高纬，却因难产而死。临死之前，请求陆贞好好抚养这个孩子。后来，陆贞果然扶持高纬登上了皇位。[1]

---

[1] 以上剧情来自电视剧《陆贞传奇》。

【真相揭秘·青出于蓝的禽兽儿子】

咱们还是先来讲讲这个所谓的高湛真爱陆贞吧。陆贞，或者应该叫她的本名陆令萱，是北齐亡国之君高纬的乳母，在那时可算是一号人物。不过，她这个人物显然是反面人物。陆令萱和她的儿子一起公然买官卖官，弄得官场上乌烟瘴气，还助纣为虐，和奸臣和士开一起培植党羽，陷害忠良。宰相斛律光、名将高长恭的死都和她脱不了关系。最后，北齐灭亡，陆令萱被迫自尽，落下了一个千古骂名。这样的陆令萱可以很“骄傲”地表示，不认识电视剧里那个温良恭俭的励志女主陆贞。

既然陆贞是假的，那么陆贞的“情敌”萧唤云自然也是假的。萧唤云曾经自豪地称自己是大梁永世公主，梁武帝萧衍倒真有一位封号为永世公主的女儿，不过这位公主闺名萧玉婉，嫁的是名臣王志的儿子王諲。且从梁武帝长子昭明太子萧统的出生日期推算，永世公主的年纪至少要比高湛年长四十岁，在那个时代，足可做他的奶奶了。

再说高纬吧。高纬如假包换的亲爹是高湛，如假包换的亲娘是胡皇后。这胡皇后是高湛的原配老婆，还是挺值得好好八卦一下的。咱们不是说过，高湛最喜欢的女人是她的二嫂李祖娥嘛。于是，备受冷落的胡皇后便开始主动找寻自己的春天了。先是毫不避嫌地跟和士开出双入对，后来趁着去佛寺中上香的功夫，又顺便勾搭上了几个年轻俊俏的小和尚。总之，胡皇后很愉快地在高湛的头上涂抹上了一层又一层的环保色。北周灭了北齐之后，胡皇后流落民间，《北史》上记载她依旧“恣行奸秽”。有小道消息说她其实是做了娼妓，还扬言当娼妓比当皇后还畅快。到底是不是真的，咱们可以见仁见智。

高纬有这样的爹和这样的妈，显然是培养不出什么健全的人格的。相反，他的变态指数比之前辈而言又上升了N倍。早年高纬的性格还比较懦弱，也不愿意和陌生人多说话，所以据判断，这孩子可能是患有社交恐惧症，兼具轻微的自卑型人格障碍。听起来是挺严重的，但是只要有人去悉心地慢慢引导，其实是能够很快地恢复正常的。可高纬身为储君，后来又当了皇帝，谁敢去当他的心理辅导师啊。于是，他的心理疾病只能越来越严重。

高纬有个和他关系很好的哥哥南阳王高绰。近墨者黑，这个高绰自然也是变态学的集大成者。高绰当定州刺史的时候，总喜欢牵着他的那条巨型藏獒去大街上玩耍。有一次，不知道是高绰心血来潮，还是他的宝贝藏獒肚子饿了，他突然抢过一个妇人手里抱着的婴儿给藏獒当点心吃。可怜的孩子瞬间就被藏獒咬得连骨头都不剩。妇人又气又恨，扑到高绰的身上就要和他拼命。高绰却不以为然地一把把她推到了藏獒的面前，结果可想而知。

太可恨了！简直是反社会人格！朝堂上的大臣们都这么想，虽然他们谁都不敢去参高绰一本。等到年底高绰回来交述职报告的时候，大伙都以为他这是要倒大霉了。可高纬一见到他，倒是如常亲亲热热的样子，还很有兴趣地问他定州有什么好玩的东西呀？高绰一听，登时劲头就来了：陛下，不对，二弟你听我说，有件乐事你一定要亲自尝试一下，你让人抓一堆毒蝎子放进浴桶之中，再把你看不顺眼的人扒了衣服扔进去，那个视听效应，保管你这一辈子都忘不了！高纬一听，立马就照着办了。办完以后，还不无埋怨地对高绰说，大哥你也真小气，这么有趣的活动你就应该早点告诉我嘛！来人，赏！

于是，高纬就真的赏了高绰大将军的官位和一大笔金银财宝。这样忽然的加封难免会引来很多人的嫉恨。于是，嫉恨高绰的人就找了许多“证据”，污蔑他谋反。谋反那就得杀呀！可是鉴于高绰曾经的“功劳”，高纬舍不得立马把他处置了，就让他和一个来自西域的大力士玩相扑。顺便说一下，“相扑”这个词可是咱们中国人首创的哦！高绰这小身板自然打不过西域大力士，几乎就是被秒杀了。

后来，高纬的反社会人格在日益严重的同时，又患上了精神分裂症。为什么这么说呢？因为高纬觉得自己变成了一只动物，而且是动物界的老大。于是，他就本着“有福同享”的人生信条，将后花园里的动物们都封了大官。比如，他把他的几匹马封为了赤彪仪同、逍遥郡君、凌霄郡君，把他平日斗鸡玩的大公鸡们封为开府斗鸡、郡君斗鸡。仪同三司和郡君可都是厅级干部，这样肆意封赏，真是十分荒唐可笑！

过了几天动物大王的瘾后，高纬又觉得没劲了。这次，他觉得自己变成了一个乞丐。于是，他经常穿着不知道哪个仓库里搜出来的破衣服，跑到邺城大街上去乞讨，和乞丐同行们争食物抢地盘，经常被打得脸上青一块紫一块，高纬还觉得挺好玩的，这大概就是传说中的“体验生活”。当然，这样的体验法一般人是消受不起的。

不过，高纬这个精神分裂症也是间歇性发作的，虽然他清醒时倒霉的人会更多。北齐名将兰陵王高长恭就是死于高纬特别清醒的当口的。高长恭是高纬大伯高澄的儿子，那是他的亲堂哥。在一次庆功宴上，高纬突发善心地问高长恭，战场上这么危险，将军你真的一点不怕吗？这位兰陵王尽管身经百战，但心性十分单纯，又不知道这位看起来平易近人的皇帝堂弟的真面目，便也很亲切地回了句：“为我高家家事，自然是无所畏惧的。”

此话一说，高纬脑中一根敏感的神经被拨动起来了。这家事二字，只有本皇帝才有资格说，你算是哪根蒜苗啊？猜忌的种子一旦播下，再经由有心之人浇花施肥，是很快能长成一棵大树的。高长恭后来被高纬以一杯鸩酒赐死。壮志未酬，死不瞑目。

再后来，蛰伏待机已久的北周政权一举歼灭了北齐，高纬被杀，死状十分凄惨。不过恶有恶报，高纬的下场根本不值得人同情。不知道高湛泉下有知，看到这么个“青出于蓝”的儿子会做何感想。

【相关史料】

武成践祚，逼后淫乱，云：“若不许，我当杀尔儿。”后惧，从之。后有娠，太原王绍德至阁，不得见，愠曰：“儿岂不知耶，姊姊腹大，故不见儿。”后闻之，大惭，由是生女不举。帝横刀诟曰：“尔杀我女，我何不杀尔儿！”对后前筑杀绍德。后大哭，帝愈怒，裸后乱挝挞之，号天不已。

——《北齐书·卷九·列传第一》

武成常使和士开与胡后对坐握槊，孝瑜谏曰：“皇后天下之母，不可与臣下接手。”帝深纳之。后又言赵郡王父死非命，不可亲。由是睿及士开皆侧目。士开密告其奢僭，睿又言山东唯闻河南王，不闻有陛下。帝由是忌之。尔朱御女名摩女，本事太后，孝瑜先与之通，后因太子婚夜，孝瑜窃与之言。武成大怒，顿饮其酒三十七杯。体至肥大，腰带十围。使娄子彦载以出，鸩之于车。至西华门，烦热躁闷，投水而绝。

…………

河南王之死，诸王在宫内莫敢举声，唯孝琬大哭而出。又怨执政，为草人而射之。和士开与祖珽谮之，云：“草人拟圣躬也。又前突厥至州，孝琬脱兜鍪抵地，云‘岂是老妪，须着此'。此言属大家也。”帝怒，使武卫赫连辅玄倒鞭挝之。……帝愈怒，折其两胫而死。

——《北齐书·卷十一·列传第三》

定州刺史南阳王绰，喜为残虐，尝出行，见妇人抱儿，夺以饲狗。

妇人号哭，绰怒，以儿血涂妇人，纵狗使食之。常云：“我学文宣伯之为人。”齐主闻之，锁诣行在，至而宥之。问：“在州何事最乐？”对曰：“多聚蝎于器，置狙其中，观之极乐。”帝即命夜索蝎一斗，比晓，得三二升，置浴斛，使人裸卧斛中，号叫宛转。帝与绰临观，喜噱不已。因让绰曰：“如此乐事，何不早驰驿奏闻！”由是有宠，拜大将军，朝夕同戏。

——《资治通鉴·卷一百七十二》

6. 罪在当代，功在千秋

——“暴君”隋炀帝真面目

【个人简历】

姓名：杨广

职称：晋王、太子、皇帝

民族：汉

籍贯：大兴（西安）

颜值：“美姿仪”的型男

特长：军事策划、文学、建筑学等

父亲：杨坚

母亲：独孤伽罗

配偶：萧氏

子：杨昭、杨暕、杨杲

女：南阳公主、另一女名不详（吴王李恪母）

签名档：我真的很想安静地做个好皇帝。

大众印象：弑父杀兄、残忍无道、荒淫好色的古今第一暴君。

参演剧目：《隋炀帝》《隋唐演义》《隋唐英雄传》等。

【剧情重现】

隋朝开皇九年，隋军攻占陈国国都建康，俘获了陈国皇帝陈叔宝以及他的两位美丽的宠妃孔氏和张氏。年轻的主帅杨广对那位风华绝代的张贵妃张丽华一见倾心，登时就有了要金屋藏娇的念头，哪知长史高颎却联合唐国公李渊悄悄地将张丽华杀了。大失所望的杨广虽然表面上没说什么，心里却深深恨上了这二位，很快就存了除之而后快的心思。

与此同时，建立了奇功的杨广很快就谋准了太子的位置。于是，在身边一众“高人”的指点之下，杨广屡屡放大招阴谋陷害长兄杨勇。功夫不负有心人，杨勇最终被废。为了掩饰自己的罪孽，也为了得到父亲的宠妾宣华夫人，杨广在父亲病重之时将其杀害，以最为人不齿的行径登上了皇帝的宝座。[1]

【真相揭秘·文武双全的“三好男人”】

熟悉古代礼仪的朋友们肯定知道，过去皇帝崩逝后，大臣们总会根据他生前的功业来给他定一个谥号。其中，评价最高的是“文”，所谓“经纬天地曰文，道德博厚曰文，学勤好问曰文”，如咱们熟悉的隋高祖文皇帝杨坚、唐太宗文皇帝李世民等；评价最糟糕的是“炀”、所谓“好内远礼曰炀，去礼远众曰炀，逆天虐民曰炀”，换句话说，假使这世上有一万件坏事，您要干得了一万零一件，那么，您就“炀”了。

在咱中国历史上，有两位炀帝最为著名，分别是陈炀帝陈叔宝与隋炀帝杨广。巧合的是，陈叔宝的陈朝正是为杨广的隋朝所灭，这“炀”字，也是杨广经过精挑细选后给予陈叔宝的。开皇九年（589年），时任“三军总司令”的晋王杨广攻占了陈朝都城建康（今江苏南京）。见大势已去，陈军士兵纷纷“举白旗”投降。本着以“优待俘虏”为原则的“杨总司令”满意地咧嘴一笑，将这些人收归国有。

“皇帝去哪儿了？”大将军韩擒虎理理散乱的发型，高声喝问道。刚刚从陈军阵营迈入隋军阵营的士兵们建功心切，七嘴八舌地说个不停。韩擒虎听得不耐烦了，便指着其中一个道：“你来！”深感荣幸的士兵指指

---

[1] 以上剧情来自2003版《隋唐英雄传》。

景阳殿外的一口枯井。韩擒虎轻蔑一笑，旋即令手下人去井边把人给拉上来。

手下人边拉边在心里骂骂咧咧。这陈叔宝难道不知道要保持住身材，减减肥吗？这分量，可是真够重的啊！不过很快，他们就发现，这是错怪人家陈叔宝了。原来，从井里拉出的是三个人，除了本尊之外，还有两宠妃——张氏和孔氏。这不是买一送二，捆绑销售吗？怎么办呢？韩擒虎挠挠头，决定把本尊和赠品一起押解到杨广面前，听候处理。

那时候的杨广，是个智勇双全、前途不可限量的“官二代”。他立马就做了两件事。第一，命陈叔宝写下手诏，命令陈朝政府的几大“常委”率领各级官僚全部放下武器，停止抵抗；第二，想要把赠品一号的张贵妃张丽华收为自己的“入幕之宾”。爱美之心，人皆有之。英雄与美女，历来都是标配。

可是，还没等他将这一建设性的计划纳入实施范畴，便被身边的长史高颎给阻了。高颎带着些“教导主任”恨铁不成钢的口吻道：“晋王啊！您那么博学多才（谏言先拍马，是个聪明人），想必也听过妲己褒姒的故事吧！女人，特别是漂亮女人容易误国啊！您可千万不能打这张贵妃的主意呀！”

杨广看一眼高颎充满期望的眼神，再看一眼娇滴滴的张大美人，心中的魔鬼与天使争斗了半晌后，终于本着“女人如衣裳”的名人教导，忍痛割爱，效法姜子牙斩杀苏妲己，命高颎把张丽华给结果了。您瞧，杨广对张丽华真的只是一时情迷，可不像那些脑洞大开的电视剧说的那样，是所谓求而不得的真爱。

不过，换句话说，即便高颎不提点杨广，想来杨广最后也未必真的会纳这张丽华。原因很简单——政策不允许。大伙都知道，中国的婚姻制度是“一夫一妻多妾制”，也就是说，男子在妻子以外，还可以纳一个、两个，乃至第N个小妾。可是，杨广的母亲独孤皇后是个坚定的“女权主义者”。她觉得，夫妻本为一体，是容不得第三者插足的。

更何况，作为“第一夫人”的独孤皇后还有一重担忧。万一老公找了十七八个小老婆，再生个十七八个孩子。将来要争起家产来，那不得争个你死我活呀！哪里像咱们家的五个小子，同父同母，那可真是相亲相爱一家亲。

看到这实在好处之后，独孤皇后决意将这个好政策大力推广，要求儿子和大臣们都不准纳妾。可是，无数血的教训告诉我们，理想是丰满的，现实是骨感的。道德的约束力毕竟是有限的，很多人还是暗中在府里养了一个个年轻的美娇娘。其中，最“任性”的一个就是太子杨勇。

那个时候，他极其宠爱一个云姓昭训[1]，结果冷落了独孤皇后亲选的儿媳妇太子妃元氏。更糟糕的是，不久之后，太子妃竟莫名其妙地过世了。宠妾灭妻、腐化堕落、贪图享乐……这已然是牵涉到生活作风问题了。

想到偌大的一个国家将来要交到这样一个纨绔领导人的手中，独孤皇后就觉得如芒刺在背，各种不踏实。

这个时候，她不由自主地将目光转向了杨广。一旦转了，便再也收不回来了。因为这孩子简直是太符合自己的审美标准了。首先，长得帅。虽然杨家人的相貌个个出众，但是优中选优，杨广完胜。其次，是有才，而且是文武之才。前头咱已经说过，在平陈一战中，杨广是总司令，厥功至伟。现在，再瞧瞧他写的那首著名的《春江花月夜》——

暮江平不动，春花满正开。流波将月去，潮水带星来。

这都已经是隋唐诗词的顶尖水平了，妥妥的文青范儿。

最后，也是最重要的一点——专情。晋王府内，除却王妃萧氏以外，

[1] 昭训：侍妾名。

别无姬妾。虽然后世有许多人都觉得他的专情是矫情的掩饰。但是，说实话，倘若一个男人能够一辈子真心对一个女子好，哪怕是所谓掩饰和欺骗，他也仍不失为是一个上品男人。而杨广之于萧氏，便是如此。

这样的“三好男人”，简直是可遇不可求的奇迹。更何况，还有那可怜的杨勇做对比。独孤皇后越看杨广越觉得，这才是咱大隋王朝的接班人啊！

于是，她便建议杨坚改立储君。先别忙着怪她偏心，人都是感情动物，温顺之人，听话之人，往往更受欢迎。其实，早在独孤皇后的谏言之前，便早有尚书仆射杨素等人联名递交了改选提案。这样的轮番轰炸终于打动了杨坚的心。本着“谁行谁上”的先进理念，开皇二十年（600年），杨坚将太子杨勇废为庶人，幽禁内宫，寻改立晋王为太子。

在当时，很多人都坚决拥护皇帝做出的正确决定。不过，后世人一旦提起这一次的废立，往往都会恨得牙痒痒，并且很自然地认为隋朝短命的根本原因正是在于此。其实，平心而论，这不过是事后诸葛亮的马后炮而已。不管杨广的上位是不是由于他的矫情掩饰，投人所好，他的才干依旧是不容置疑的。甚至，咱们可以这样说，一个合格的君王是需要学会掩饰的。

仁寿四年（604年）7月13日，63岁的杨坚于仁寿宫崩逝。在人均寿命不过二三十岁的隋朝，杨坚本可以说是寿终正寝了。可是，或许是因为他死得太过突然，因此，坊间一直流传着“太子弑父”的谣言，而且是因为非礼了杨坚的贵人陈氏。其栩栩如生程度不亚于杨广对张丽华的所谓真爱。

不过，谣言毕竟只是谣言，是经不起咱们聪明的脑袋瓜细细推敲的。因为依照杨广的智商和忍耐力，应当是不会迫不及待到要对自己奄奄一息的老父亲下手的。功亏一篑的道理，他不会不知道。说句不恰当的话，他若真想顺利即位，或者是真看上了自己的庶母，那么，最简单也最有效的办法，就是安静地等待着父亲的死亡。

可是，当时的社会并没有什么娱乐活动，也没有那么多明星给人们创造茶余饭后的谈资。于是乎，这场深宫疑案被越传越玄。段子手们在添油加醋的同时，对自己编造出来的东西深信不疑。虽说是清者自清，虽说杨广的心理素质足可称得上是A++，但是，这“弑父”的谣言还是给他的登基之路蒙上了一层阴影。一切仿佛都很顺利，一切仿佛都不那么顺利。“祸兮福之所倚，福兮祸之所伏”的道理，老祖宗早就谆谆教导过我们。

【剧情重现】

以弑父弑兄的代价登上皇位后的杨广并没有珍惜这一切，而是将享乐作为了他人生的终极目标。为了追求这一目标，杨广想出了很多稀奇古怪的法子，其中之一就是在全国范围内海选美女。美女看腻了，杨广就想着去江南看美景。可是彼时去江南的路途遥远，交通不便。怎么办呢？杨广灵机一动，便想出了一个好主意，那就是开凿一条贯通南北的大运河。

于是，新一次的海选就开始了，只不过这一次是为了抓壮丁修大运河。一时间，民怨沸腾。好不容易修好了运河，民工们还不能回家，而是要成为纤夫，拉着那一条大大的龙船把杨广和一众妃嫔们拉到江南去玩。[1]

【真相揭秘·急于求成的“工作狂魔”】

影视剧里关于杨广登基以后的描述，总结起来就是一句话，那就是一件好事都没干，只是为了自己享乐，尽情搜刮民脂民膏。然而事实上，根本不是如此。无论从文韬武略，还是从雄心抱负，抑或是从对后世的功绩

[1] 以上剧情来自2003版《隋唐英雄传》。

来讲，杨广都像极了那位被史书奉为“千古名君”的唐太宗李世民，甚至有过之而无不及。

就在仁寿四年十一月，登基不久的杨广即率领着众大臣巡行洛阳。洛阳是古都，且水陆交通发达，从地缘政治的角度上讲，地位甚至比首都大兴（今陕西西安）还要重要。可是，杨广到那一看，便连连摇头：这哪里还有一派大都市应有的风貌？建筑老旧，防御设施简陋。当时，杨广就拍板，一定要叫上全国最好的“建筑师”，好好合计一下，将洛阳的硬件设施搞起来。硬件上去了，咱才可以腾出手来发展经济建设嘛！

任务布置下来以后，杨广觉得神清气爽。不过，要真正让隋帝国屹立于“世界的东方”，光建一个洛阳怎么行，下一步要做的就是实现全国经济平衡发展的“共同富裕”战略。今天的我们知道，可以修建青藏铁路，实施南水北调、西气东输工程。那么，在1300多年前的隋朝，杨广想出的法子是什么呢？

开凿大运河。

现代编剧一想到这一浩瀚工程，都一致认为，大运河的存在只是为了满足杨广巡游江都的私欲。这样的看法完全是从历史结局来反推的。既然隋朝亡于杨广之手，那么他所做的每一件事必然都是导致他亡国的原因。

这其实是犯了很严重的逻辑错误。

假使咱们抛开结果，也摒弃成见，就一定会发现，开凿运河是一件造福子孙后代的民生工程。运河的存在带动了当时的江淮、河北等地的经济，便捷了南北物资的转运，加强了中央对东南地区的管控。

说到此处，您也许会问，那么这样的功在千秋的好事，为何还会招来今人的非议呢？原因非常简单——劳民伤财。

前头咱说过，为了要营建“大都市”洛阳，已经征收了许多壮丁充当民工，进而诞生了许多“隐性单亲”的家庭。如今又要进行这么一项如此浩大的水利工程，劳动力是肯定缺少不了的。怎么办呢？只好抛出“一人服役，全家光荣”的口号，再度强征河道挖掘人员。如此一来，全国便又多了许多留守老人和留守儿童，生活十分艰苦。同时，与之配套的还有大量的财政投入。这在当时人看来，岂不是劳民伤财的暴行？

这边厢召集全国人民进行劳动总动员，那边厢杨广自己也没闲着。自大业元年起，杨广就开始了他的巡游时光。这巡游可不是您想得那样，终日只知吃喝玩乐，白天自拍，晚上K歌。他的巡游跟现在的国家领导人出访相似，具有促进各地贸易往来，加强民族融合的积极意义。北至突厥，南至江都，几年之内，这个体力和精力都超乎常人的帝王足迹踏遍九州，做了寻常人要花几十年才能完成的事，是个不折不扣的工作狂魔。

这样紧锣密鼓的工作节奏，也催生了另外一个问题，那就是他不会像电视剧中描述的那样，让心腹向全国海选美女，进而供自己享用。因为一个人的精神头再大，也不可能在有限的十二个时辰内全身心地做好每一件事，尤其是像事业和家庭这两件原本就充满了矛盾的事情。事实上，比起他的那位表侄加女婿，也就是咱都熟悉的唐太宗李世民来，他的妻妾和子嗣实在是少得可怜。据目前咱知道的史料来看，他的子女仅杨昭、杨暕、杨杲等五人，且其中至少有三个是他的原配萧皇后所生。

修建东都、考察访问、开凿运河……国内事务安排妥帖了，接下来的杨广就要把目光转向国际关系了。隋朝在当时是超一流的大国，可比现在的美利坚牛气多了。周围的许多国家都是隋朝的附属国，包括高丽、新罗、百济、安南、马里、交趾等。什么是附属国呢？就是你们的国王由我大隋的皇帝来册封，册封的圣旨到了，你们家国王就得恭恭敬敬地向我的使者下跪行礼，就算使者只是宫里最末等的一个小宦官。

在当时，大多数附属国还是很听话的，年年来朝，岁岁缴贡。不过，也有少部分不服管教的“刺头”，时不时地来撒泼几下。这不？杨广指指地图，这就有一个——

高丽。就是那个现在盛产啤酒和炸鸡的地儿。

为了维护大国形象，也为了震慑住其他小国。杨广决意出兵，好好地教训他们一下。这一出兵，所动用的人力、物力、财力比之前头的诸工程而言，则更为浩瀚。据史料记载，杨广于大业八年到大业十年间动用全国近十分之一的人口，三度亲征高丽，结果却无功而返，惨淡归国。究其原因，就四个字——劳师远征，与当年德军在斯大林格勒的失利如出一辙。

从仁寿四年到大业十年这十一年间，急于想要干一番大事业的杨广以官吏和百姓不能承受之重，强逼着他们紧跟自己的思维和脚步。他想不到的是，天下人并非都有他这般的精力与远见。太过急功近利的人往往会导致最后失败。一旦失败，便会变本加厉地投入本钱，希望可以扭转乾坤。

这就是可怕的赌徒心理。

在这种心理的支配下，一切的善政都变成了暴行，一切的正确都变成了错误。受够了暴行的军民自然会揭竿而起。终于到了一发而不可收拾的地步。杨广在试图阻止无果后，终于不再想要挽回。他从一只展翅高飞的鹰，退化成了只知低头躲避的鸵鸟。直到，那一件大事的发生。

【剧情重现】

大业十四年，隋朝的江山已经濒临破碎，十八路反王各自为政，互相打得不可开交。此时的杨广正在江都行馆之内，虽然明知道如此局势已经无力回天，却还是存着偏安一隅、苟延残喘的奢望。只是令他没有想到的是，他最信任的人居然会在此时背叛他。

那一晚，宇文化及、令狐行达、司马德勘等人教唆禁军哗变。众人将杨广趋至殿中，却见众臣相逼，杨广质问众人为何反他，众臣说是为百姓反。宇文化及前来，杀死杨广之子杨杲、爱妃朱贵儿等人，旋即又将杨广缢杀。

暴君一死，天下百姓无不奔走相告，拍手称快，只是国家的内斗依旧没有消失，各个政权随着杨广的死而争得愈发你死我活。[1]

【真相揭秘·埋骨他乡的悲剧英雄】

大业十四年三月的一个夜晚，小宫女气喘吁吁地跑到萧皇后的寝殿，上气不接下气地说听见有军士要起兵谋反。谋反啊！这可是十恶不赦的大罪，即使你是“九头怪”都不够砍的。按照咱一般人的想法，萧皇后听后肯定会有两种反应。

第一是相信。快快快，我得赶紧带着你去见我那皇帝老公，让他做好准备，可不能随随便便地让人给反了。

第二是不相信。胡说八道！就你这小蹄子爱嚼舌根。拖出去——赏一丈红！

可是，萧皇后的反应却完全出人意料。她当即就命人把窗户给关了，跟那小宫女“咬耳朵”道：“这事，可千万不能传到陛下的耳朵里。”

她分明是相信的，可也分明是不想让皇帝知道。难不成，她心怀叵测，和那些谋反者是一伙的？当然不是！前头咱已经提到过，萧皇后与杨广的关系相当不错。她将这消息消化在肚子里的主要原因，一是她自信凭那些士兵们的能力，是掀不起多大的风浪的；二是她不想再给杨广增加心理上的负担了。

因为那个时候，杨广已经与大业初年的那个励精图治的君王判若两人了，各地官民频繁的造反消息渐渐地让他绝了望——

[1] 以上剧情选自2013版《隋唐演义》。

大业七年，河北窦建德建立夏国。

大业九年，礼部尚书杨玄感叛乱。

大业十年，扶风李弘芝称帝。

大业十一年，余杭李子通建立吴国。

大业十三年，林士弘、徐圆朗、刘武周、薛举、李渊、萧铣等纷纷起兵建国。

终于，杨广学会了破罐子破摔，学会了享乐，并且不再愿意听任何的诤言。当时他想的是，大兴洛阳已失，那就失了吧！反正江都富庶，我自在这当我的土皇帝，咱谁都不碍着谁就是了。历史证明，这样的想法是十分天真无邪的。皇帝这么好的职业，不仅吸引了“堡垒”外的人，更吸引着“堡垒”内部的人。血的教训告诉我们，堡垒更容易从内部被攻破。

这日清晨，杨广起床照镜，虽已年届五旬，但镜中的自己仍旧十分帅气俊朗，从骨子里透出了些成熟男人的魅力。他抚摸着自己的头颅，不由得慨叹道：“这么好的头颅，不知道将来会被谁给斩了呀！”这话听着挺瘆人的，不过，也隐隐间透着几分自恋语气。

萧皇后一听，心立马就提到了嗓子眼儿，连声安慰道：“我的好老公，你会不会聊天啊？怎么尽说这丧气话！难道是最近迷上看恐怖片了吗？”杨广随即叹了口气：“生与死本就是一线之间。也没有什么可怕的。”想得是挺开的，还颇有些古代柏拉图的哲学意味。

不过，一个大国是不需要这般具有阿Q精神的领导人的。危机公关意识也忒差了吧！这可不是危言耸听。瞧瞧，这不就出大事了吗?

大业十四年三月十日夜晚，杨广听完“演唱会”，刚想洗洗睡了。忽然，只听见门外杀声震天（古代建筑的隔音效果确实欠佳）。小内监急急忙忙地冲进来说大将军司马德戡、令狐行达、宇文智及等教唆禁军谋反，正在四处找寻陛下呢。杨广一听，下意识的反应就是——跑。等到他以博尔特的速度一路跑到西阁之时，却神奇地发现司马德戡等人已经在那里守株待兔了。

几人一看杨广如此狼狈地窜了过来，不由得邪魅一笑，把另一个人推了上来。他就是《隋唐演义》中“大隋第二好汉”宇文成都的老爸宇文化及。可事实上，历史上的宇文化及从来都没有过那么一个厉害的儿子，也不曾当作宰相，更不是个奸诈有谋的枭雄。相反的，他是个懦弱好色又没主见的草包。

众军之所以推举他为领袖，一来是看上他那显赫的身世，毕竟他的父亲宇文述是大隋的开国功臣，二来是卖他的二弟宇文智及（他也并非死于秦琼之手）的面子，因为他是这场兵变的第一提议者。看来，“拼爹”的时代也比我们想象得要早得多。

可是，尽管禁军们给了这宇文化及极大的面子。不过，事实证明，他只是一块扶不上墙的烂泥巴，关键时候畏首畏尾，竟然连一句整话都说不上来。这个时候，还是杨广首先打破了沉默：“尔等可是来杀朕的谋逆之臣吗？”司马德戡“呵呵”一笑：“这不是秃子头上的虱子——明摆着的吗？”

杨广冷冷一笑，复又叹了口气道：“我实负百姓，可你们这些人，哪一个不是被高官厚禄给养得肥肥壮壮，要杀也轮不到你们杀啊？”

“人之将死，其言也善。”杨广这话说得当真十分实在。可司马德戡哪里会让杨广占据舆论上的优势呢？他原也是个驳论高手，便忙应道：“国家的兴亡在于人心向背。陛下失了人心，每个人都能起而反之！”意思是说，我在代表百姓消灭你！

这个时候，突然偌大的殿内传来一阵孩子的哭声。原来，杨广那小儿子赵王杨杲不知何时溜了进来，一看平素那些听话得像暖羊羊的将领们一下子进化成灰太狼，幼小的心灵受到了极大的刺激。司马德戡听着就觉得心烦意乱，连忙向旁边的小伙伴裴虔通使了个眼色。裴虔通意会，以迅雷不及掩耳之势一刀结束了小杨杲的性命。

可怜那孩子才十二岁，就这么无辜地死去了。杨广一看如此血腥暴力的场面，早已是心如死灰。既然在劫难逃，那就只好自己选择一个死法了。他瞥一眼司马德戡与令狐行达，肃然道："天子自有天子的死法，何得加以锋刃？取鸩酒来便是！"

还要到处找鸩酒，那多麻烦！本着速战速决心态的将军们哪里会有这等闲工夫。于是，都不约而同地残忍拒绝了这最后的请求。杨广一看没辙了，只好解下了自己的腰带递给了他们。缢杀也好，总比砍头强，死留全尸，也算是争到了一丝最后的尊严了。

只可惜了这么一个有抱负、有才华、有能力的帅哥皇帝就这样死于这些亲自提拔起来的将领手中。

具有讽刺意味的是，那条基于杨广"暴政"之下的产物——大运河造福了后世万代。如今，已然位列于世界文化遗产之中。如果他早些明白循序渐进，早些懂得以民为天的道理，那么千百年后，他的名声绝不在唐宗宋祖之下。

杨广死后，宇文氏对杨氏宗亲展开了惨绝人寰的清剿运动。杨广的直系子孙后来仅有三人活了下来：一个是他的孙子杨政道，当时尚在母亲腹中；一个是他的长女南阳公主，后来于洛阳出家；另一个是他的幼女，后来嫁给了表兄李世民。

江都兵变后，宇文化及自任丞相，将宗亲杨浩立为傀儡皇帝。后杀之自立，改国号为"许"。两个月后，长安李渊废黜小皇帝杨侑，改国号为"唐"。次年五月，洛阳王世充毒杀皇泰主杨侗，改国号为"郑"。至此，隋朝——这个中国历史上第三个大一统王朝（前两个为秦朝与汉朝）在历时仅仅三十七年后便轰然瓦解。

【相关史料】

炀皇帝，讳广，一名英，小字阿摐，高祖第二子也。母曰文献独孤皇后。上美姿仪，少敏慧，高祖及后于诸子中特所钟爱。

…………

八年冬，大举伐陈，以上为行军元帅。及陈平，执陈湘州刺史施文庆、散骑常侍沈客卿、市令阳慧朗、刑法监徐析、尚书都令史暨慧，以其邪佞，有害于民，斩之右阙下，以谢三吴。于是封府库，资财无所取，天下称贤。

…………

四年七月，高祖崩，上即皇帝位于仁寿宫。八月，奉梓宫还京师。并州总管汉王谅举兵反，诏尚书左仆射杨素讨平之。九月乙巳，以备身将军崔彭为左领军大将军。十一月乙未，幸洛阳。丙申，发丁男数十万掘堑，自龙门东接长平、汲郡，抵临清关，度河，至浚仪、襄城，达于上洛，以置关防。

…………

八月壬寅，上御龙舟，幸江都。

——《隋书·卷三·帝纪第三》

至旦……引帝还至寝殿，虔通、德戡等拔白刃侍立。帝叹曰："我何罪至此？"文举曰："陛下违弃宗庙，巡游不息，外勤征讨，内极奢淫，使丁壮尽于矢刃，女弱填于沟壑，四民丧业，盗贼蜂起；专任佞谀，饰非拒谏：何谓无罪！"帝曰："我实负百姓；至于尔辈，荣禄兼极，何乃如是！今日之事，孰为首邪？"德戡曰："溥天同怨，何止一人！"

帝爱子赵王杲，年十二，在帝侧，号恸不已，虔通斩之，血溅御服。贼欲弑帝，帝曰：“天子死自有法，何得加以锋刃！取鸩酒来！”文举等不许，使令狐行达顿帝令坐。帝自解练巾授行达，缢杀之。

——《资治通鉴·隋纪》

7. 贤比长孙，却误做了千年妲己

——“亡国妖女”萧皇后真面目

【个人简历】

姓名：萧氏（闺名不详）

职称：公主、晋王妃、太子妃、皇后

民族：汉

籍贯：江陵（荆州）

性格：“婉顺有智识”的知性女

特长：文学、理家

父亲：萧岿

母亲：张皇后

配偶：杨广

子：杨昭、杨暕、杨杲（庶子）

女：南阳公主、另一女名不详（吴王李恪母）

签名档：不求名垂青史，但求无愧于心

大众印象：扰乱朝纲、狐媚惑主的“妲己二世”

参演剧目：《隋唐英雄传》《隋唐演义》《隋唐英雄》等

【剧情重现】

隋朝初年，晋王杨广带着全国的精锐部队南下灭陈。经过一番血与火的较量之后，大隋军队一举灭了陈国，还俘获了陈国皇帝陈叔宝和他的那位倾国倾城的妃子萧美娘。年轻多情（好色）的杨广对这位萧妃一见倾心，立马就将她带回去作为自己的私有财产给藏了起来。

从此以后，杨广就和这位萧美娘就过上了你侬我侬（荒淫无度）的生活。除了自己兢兢业业地服侍杨广以外，萧美娘还非常热情地当起了红娘，专给自己的丈夫介绍漂亮姑娘，也不管人家姑娘愿不愿意。当然，这都是在私底下秘密进行的。毕竟杨广的母亲可是个地地道道的女权主义者，讲究的是超前的“女权主义”。

如此，这对奇葩的夫妻倒也安安稳稳地在一起过了很多年。[1]

【真相揭秘·一朝选在亲王侧】

自从读了史书以后，每逢看到《隋唐演义》，我都很为萧皇后鸣不平。这位被电视剧黑化成亡国妖孽的“妲己二号”，其实不仅有着高贵的皇族公主身份，而且性格温和，深明大义，和大多数观众对她的印象判若两人。

咱们中国人有一种很迷信的说法，叫作“旺夫相”。有“旺夫相”的女子通常可以使丈夫的事业蒸蒸日上，继而成为李嘉诚二号、马云三号。当然，这样的说法在今天看来无疑是荒谬可笑的。但是，古代的人们大多信，并且信得相当虔诚。

隋朝开皇二年（582年），大名鼎鼎的开国皇帝杨坚派了几个懂得相面之术的使者，去梁国为爱子晋王杨广选妃。为什么要去梁国呢？先来给大伙科普一下这所谓梁国吧。梁国建都江陵（今湖北荆州），史称“西梁”（并不是西游记中的那个西梁女国）。西梁的开国君主萧詧是南北朝中梁朝武帝萧衍的孙子，可谓根正苗红，出身高贵。

杨坚之所以选择萧家的女儿当儿媳妇，一来是因为门当户对，二来是想通过联姻来结成与西梁的联盟，进而限制住当时的江南陈朝。可是，当

[1] 以上剧情选自2013版《隋唐演义》。

西梁皇帝萧岿将自己众多女儿和侄女们叫来令使者选看后，使者却将头摇得和拨浪鼓似的。这些女子虽说容貌一流，身材一流，气质一流，可八字都与晋王不和。这要是娶回去，万一天天和晋王打架，那自己这个媒人还不得切腹了断了呀!

萧岿看见使者像青黄瓜般难看的脸色，知道联姻的事怕是得黄了。正垂头丧气间，忽然想到了一个事，便忙一拍桌子道："来人！去张轲家把公主接来！"

咦？这堂堂公主怎么不在皇宫待着，反而是跑到大臣家里去玩耍了呢？其实，这位公主本是萧岿原配张皇后所生，是所谓嫡出之女。只可惜，她出生在二月。按照当时西梁的风俗（迷信）说法，二月出生的闺女不宜在亲爹亲妈身边长大。萧岿夫妇虽然心有不舍，但为了使孩子能够平安长大，也只能忍痛割爱，将她送到了叔父东平王萧岌处抚养。

几年以后，萧岌去世。公主又转而被舅父张轲收养。张轲虽说是皇戚，但为官清廉，家里比较贫困。穷人的孩子早当家，在相对恶劣环境中长大的公主打小就学会了理家，也养成了一种温文尔雅、喜怒不形于色的好性格。

使者一见到她，立马眼里就放出了100瓦的亮光——这才是能与晋王相配的好姑娘。得了！就是她了！萧岿一见使者如此表情，心里登时乐开了一朵牡丹花。能与上国结亲，且对方又是个文武双全、身份尊贵的好男儿，萧公主自然没有不同意的理由。不过，就算她不同意，难道就真的能够不嫁吗？显然是不可能的。

您可不要被影视剧中那些动不动就逃婚私奔的公主、名门千金们给忽悠了。别说大户人家大多戒备森严，那些公主、名门千金们是根本不可能逃得出来的，就算能逃出来，她们从小受的教育也不允许她们做出这样所谓"败坏门风"的事情。中国历史上，也就出现了这么一个卓文君，一个红拂女。幸运的是，历史对她们的评价都不低。这倒不是历史赞成这种行为，而是因为她们所选的男人后来都很有出息，想来也与我们之前所讲的“帮夫相”有关系。

经过了繁复冗长的“六礼”[1]，萧公主正式嫁入晋王府，成为杨广的正妻。一个是柔情似水的少女，一个是温润如玉的少年，两两相见，虽不一定一见倾心，但相处融洽是一定的。二人成亲第二年，萧氏便生下长子杨昭，再两年，又生次子杨暕。史书上称萧氏“夙禀成训，妇道克修”，说杨广对她“甚为宠敬”。

现代人描述婚姻有这样一句很经典的话：“婚姻与其说是两个人之间的结合，不如说是两个家庭之间的结合。”夫妻两人的关系再好，若不能得到双方家庭的认可，那也是白搭的。古有“孔雀东南飞”，今有“婆婆遇上妈”，教训深刻，不得不让人感慨万千。

不过，杨坚和独孤氏夫妇对这个儿媳妇显然是一百二十个心的满意。原因是多方面的，咱可以由浅入深地慢慢讲来。首先，是因为她长得漂亮，性格温和。这样的姑娘不论在哪个时期都会是长辈眼里的“香饽饽”。

其次，是她能生孩子，而且头两胎都是儿子。您可别觉得这个理由俗气。作为皇家子弟，嫡庶有别，正妻能接连产下男孩，这能给夫妻双方都加分的。杨广长兄杨勇后来之所以被独孤皇后不喜的一个重要因素就是，冷落原配，所有儿子都是出于妾室。

最后，是萧氏萧梁皇族后裔的身份。这个身份对帮助时任扬州都督的杨广拉拢江南士族及豪强之心，有推波助澜的作用。

一个女子，内可以相夫教子，外可以排解国难。这就无怪乎杨坚夫妇

---

[1] 六礼：汉族婚姻仪礼。指从议婚至完婚过程中的六种礼节：纳采、问名、纳吉、纳征、请期、亲迎。

一提到她就竖起大拇指夸赞了。

您瞧，这是不是与影视剧中那个只知以妖媚之姿诱惑男人的萧妃大相径庭啊？不过，您也不必怪编剧们胡侃乱编。因为前人已经认定杨广是个昏君加暴君的纣王，那么，他的老婆是谁？当然是狐狸精妲己娘娘喽。

【剧情重现】

为了让自己的宝贝夫君坐上储君的宝座，萧妃在暗地里给杨广出了很多“高明”的馊主意。甚至将因为见色起意而杀害妹妹琼花公主的事情也推到了当时的太子杨勇身上。终于，功夫不负有心人，对杨勇失望透顶的皇帝决定改立太子。于是，杨广成了新一任的太子，而萧氏则是名正言顺的太子妃。

在某一个月黑风高的晚上，东宫之中传来了一阵阵管弦之音。十数名穿着艳丽的舞姬在殿内翩翩起舞，萧妃依偎在太子杨广的怀里，其他几位姬妾都不约而同地向她投去了嫉恨的目光，可萧妃显然并没有畏惧这目光，而是向她们投去了挑衅的眼神。

不过杨广倒是不在意妻妾间的较量，女人在他心里，永远只是一个可有可无的点缀品而已，他只要能坐稳这太子之位，也就能心满意足了。[1]

【真相揭秘·大合时宜的“秀恩爱”】

其实，假如杨广不曾动谋略储君之位的念头，萧氏也绝不会有此提议，但既然他想要，那么，她必然会全力以赴地帮助他。您可以说这是助纣为虐，却也可以说是如虎添翼。

熟悉唐史的朋友们可能知道，大名鼎鼎的“天可汗”李世民的上位之

[1] 以上剧情选自2003版《隋唐英雄传》。

路也并不光彩。在这不光彩的一路上，有许多贵人在全心全意地帮助他。其中不可或缺的一位就是他的原配长孙氏。长孙氏性格温驯，能言善道，很具有长辈缘。李世民和谋臣们在前朝争权夺位，她就在后宫打通一众婆婆们的关系，让她们都成为炒作舆论的推手。

后人对长孙氏的评价是积极正面的，因为她帮助的人是一位旷世明君。后人对萧氏的评价却是不以为然的，因为她背后的人是一位千古昏主。这其实是很不公平的。所以，现在就需要聪明的您抛开成见，理性而客观地品读历史。

杨广的长兄太子杨勇是个典型的官家子弟——长得俊朗，成绩优良，心肠也不坏，却花钱如流水，平日爱喝喝花酒，逛逛“红灯区”，府里养着十七八个貌美如花的小妾，把那个听从父母之命迎娶的太子妃元氏晾在一边看屋子。您要说他真有多憎恶元氏，那倒也真没有。只不过，和这种端庄（乏味）的女子相处，总觉得没什么刺激感。这正合了咱们普通老百姓在私底下说的一句粗语：“妻不如妾，妾不如偷。”

急于正位的杨广知道爹妈讨厌这种奢靡浮华的生活，也不喜欢用情不专之人（毕竟老两口的恩爱是有目共睹的），于是，他就凡事都和兄长反着来。不管府里有多少娇滴滴的小美女，他就只守着晋王妃一人。后世很多人都觉得他这么做完全是演戏，是为了迎合老杨夫妇的审美趣味。可是，大伙可以想想，如果这俩人之间没有真感情，这戏又如何可以一演就是数十年？况且还能不被眼光毒辣的爹妈看出破绽来。所以，这俩人说白了也就是“真戏真做”，即所谓的“秀恩爱”。

每逢宫里的老宫女老妈妈去晋王府做慰问调查（突击检查），杨广和萧氏总会亲自去府外充当礼仪小姐和礼仪先生。有时候天色晚了，萧氏便主动邀请她们留宿，而且是和自己同住。这简直就是正部级的待遇！老妈妈们一看心里便欢喜，回去以后自然是少不得在老主人面前说这小夫妻俩的好话。

大家说好才是真的好，杨广和萧氏这一招十分高明。

不过，储君乃是国之根本，要想使皇帝撼动根本，光是这些还不够。萧氏琢磨了很久，终于想出了一个“加码”的好主意。那就是好好培养下一代，用祖孙之情来强化父子之情。说来这皇位也合该是他们家的。杨广与萧氏的两个儿子杨昭和杨暕不但长得漂亮，而且小时候就都聪明伶俐，是典型的“别人家的孩子”，尤其是后来被追谥为“元德太子”的杨昭。

据说有一次，三岁的小正太杨昭正和杨坚夫妇在玄武门边玩耍。突然，杨坚的腰椎间盘突出症犯了，疼痛难忍，便顺手扶着老伴的肩膀，举止十分亲密。小杨昭一看，便懂事地转过身去。为什么？非礼勿视呀！老两口一看，这孩子小小年纪便有长者之风，是棵好苗苗，以后得养在自己身边，好好地培养培养。三岁的孩子，就算是再早慧，也绝不会想到这个，这当然是萧氏平日里耳提面命的成果。

后来，杨昭长到了十来岁，杨坚半开玩笑半当真地对他说：“祖父给昭儿娶个好看的媳妇，好不好呀！”话音刚落，杨昭登时大哭起来。这下可把杨坚给吓坏了，忙忙地哄了他几句，问他为什么哭。杨昭哽咽着说：“娶了媳妇就不能和祖父同住了，昭儿舍不得祖父。”听听这话，说得多暖心！杨坚真是爱他爱到心坎里去了。

这边厢，杨广一家和和美美，各有各的好。那边厢，杨勇一家却是妻妾争风，乌烟瘴气。任何人情感的天平都会很容易地向杨广这边偏斜。再加上朝里有杨素、宇文述等重臣做外援，说太子杨勇唯恐地位不保，常有怨愤之语，甚至有谋反举动。谋反，这是历代统治者绝不能容忍的举动。

忍无可忍，自然是无须再忍。开皇二十年（600年），杨坚正式废杨勇及其子女为庶人，幽闭禁宫，立晋王杨广为皇太子，晋王妃萧氏为皇太子妃。次年，封杨昭为晋王，加左卫大将军；封杨暕为豫章王，加扬州总管。

杨广与萧氏的夺嫡计划算是取得了圆满的成功。但是，这俩都是高智商、高情商的明白人，绝不会被胜利冲昏头脑。这戏还得继续唱，恩爱还得继续秀。在没有成为天下第一之前，谁都可能来取代你的位置。权力一事，通常都是很现实，也很残忍的。

【剧情重现】

隋朝大业十一年，杨广为了满足自己享乐的终极目标，带着后宫所有的嫔妃们坐着豪华人力船，浩浩荡荡地南下江都。江都素来以美女为土特产，杨广到了那里以后，自然如鱼得水，整日里和美女们一起欢快地玩耍。这就让萧妃很不开心了。

于是，她趁着回乡省亲的时候，勾搭上了护送她的将军李密。萧妃的美貌深深地震撼了这位李将军，所以尽管这是皇帝的女人，李密却还是和她发生了一段“可歌可泣”的爱情（婚外恋）。

江都兵变之后，杨广被杀。萧妃先委身杀夫仇人宇文化及，后来又重新跟了杀了宇文化及的旧情人李密。彼时的李密是瓦岗寨的皇帝，萧妃便又成了瓦岗寨的皇妃。[1]

【真相揭秘·无可奈何的永别】

隋朝仁寿四年七月，杨坚在仁寿宫崩逝。太子杨广即皇帝位，太子妃萧氏正位中宫。尽管坊间充斥着杨广弑父的谣言，尽管登基之路并没有想象中的一帆风顺，但一切好歹也都在按部就班地进行着。

登基伊始，心怀大志的杨广就挽起袖子，磨刀霍霍，准备大干一番。

---

[1] 以上剧情选自2003版《隋唐英雄传》。

建东都、牧四野、修运河、征高丽……短短十年内，杨广完成了通常需要几代人才能完成的大事业。可是，这样的大事业是有着十分严重的副作用的，那就是极端的劳民伤财导致的人心涣散，最后，到了群雄纷争、义士揭竿而起的地步。

眼睁睁地看着曾经强盛的帝国变得千疮百孔，曾经意气风发的丈夫变得暴虐狠戾，萧皇后的心里自然是万般的难受。如果按照通常道学家的要求，这时的萧皇后唯一要做的事情就是进谏，而且是不动声色的讽谏。

可萧皇后却没有这样做，因为她太了解这个与她生活了大半辈子的男人了。他好胜心极强，极端自信，却也极端自负。这样的人一旦受挫便会一蹶不振，所有的谏言对于他而言都是一次残忍的提醒，提醒他，自己已经是一个受万人鄙夷的失败者了。

萧氏对杨广是有真感情的，她不敢，或者更准确地说是不忍去揭他的伤疤。这样的女性肯定是入不了历史学者的法眼的，但却是最为真实的小女人心境。不过，萧皇后与那些抱着“夫为妻纲”的观念，一意顺从丈夫的女性又有些本质上的不同。因为她有自己的思想，有对是非的判断力。所以，她才会有欲说而不能、欲言而不得的痛苦。

若搁在现代，一般的家庭妇女碰到这种情况，要么大哭一场，要么“剁手”网购发泄。可是，萧皇后不是不是一般人吗？她生于皇室，长于皇室，又嫁到皇室，她的个人修养和文化水平决定着她不可能去这样做。《隋书》这样记载：“时后见帝失德，心知不可，不敢厝言，因为《述志赋》以自寄。”

什么意思呢？就是说萧皇后写了一篇名为《述志赋》的赋文来排解苦闷。《述志赋》全篇共四百八十六字，主要阐明了自己想要成为一位温良恭俭的时代新女性的愿望。只可惜，这样的愿望在天下大乱的大背景下，很快就变成了大海上的泡沫，一吹就散。

隋大业十二年，杨广带着近臣、后妃、皇戚们三下江都。受影视剧影响，大多数人都以为杨广每次巡游都是为了寻访江南美女，用国家的“三公经费”来花天酒地。这显然是想当然的污蔑。因为至少在大业十年之前，他的每一次巡游的主要目的都是为着考察国计民生。

但是，这第三次下江都，显然并不是为着那些“高大上”的正常理由，而是为了逃避各地频繁传来的造反消息，希望能在富庶的江都苟延残喘一辈子。这种鸵鸟似的消极不抵抗思想其实是很要命的。因为中国古代向来都有“普天之下莫非王土，率土之滨莫非王臣”的训诫，任何一个拥有了权力的人都希望可以消灭其他对立政权，远如秦朝的始皇，近如隋朝的杨坚。能够安安稳稳地做偏安一隅的土皇帝？概率是很低的。

那么，这时候的萧皇后在干什么呢？她其实并没有干什么特别之事，只是默默地陪在杨广身边，时不时在他心情低落的时候说些安慰的话语。这是萧皇后作为妻子最应该做的事。可是，这样的事在群雄并起的当时显然并没有任何实际的作用。

大业十三年三月十日晚，朝臣宇文化及兄弟、大将军令狐行达、司马德戡等人以追逐闪电的速度发动了一场宫廷政变，缢杀杨广及几乎所有的杨氏宗亲。一夜之间经历如此人伦惨变，萧氏恐怕连自杀殉情的心都有了。可是，“心灵鸡汤”告诉我们，连死都不怕的人，难道还怕活着吗？隋朝皇室的女人大多有着钢铁般坚强的心，独孤皇后、乐平公主、兰陵公主、南阳公主等都是如此。当然，萧氏也不例外。

在草草掩埋完杨广的尸身后，萧氏便与女眷们一起待在满溢着血腥之气的“案发现场”。当时她的身边至少有一个女儿，也就是政变领导者宇文化及的弟媳南阳公主，以及一个儿媳妇，也就是次子齐王杨暕的妻子韦氏。

按照一般编剧的逻辑，您都杀了人家丈夫，杀了人家儿子孙子了，那就干脆将这些人也送去见阎王得了。所谓“杂草除不尽，春风吹又生”。

可是，宇文化及偏就没有下手。这当然不是他的良知作祟，更不是如小说家描述的那样，是觊觎萧氏的美貌，而是出于政治方面的考量。

江都兵变虽然已经取得了阶段性的胜利，但是，出于对舆论的畏惧，宇文化及等立了杨广的一个侄子杨浩为傀儡皇帝。这时候，如果他们将对自己没有威胁的杨家女眷奉为上宾的话，显然是有百利而无一害的。只是，令他们没有想到的是，韦氏当时正怀着杨暕的遗腹子，令他们更没想到的是，原本还对杨广恨得牙痒痒的天下群雄此时却翻了个脸，一个个都打着为陛下报仇的幌子，不约而同地向宇文化及等开炮。

这样混乱的情况，反而令萧氏原本还惊惶不已的心平静了下来。她要好好地活着，不仅为了自己的女儿和唯一的孙子，也为了能够坐山观虎斗，看仇人的仇人是如何将仇人五马分尸的。显然，这一天已不再遥远。

【剧情重现】

因为长得漂亮，又会撒娇，所以这个萧妃很得李密的欢心，不仅出门旅游经常带着她，连打仗的时候也和萧妃一起在城楼上看直播。

这一天，城头下边两军正打得火热。突然，萧妃说想要击鼓玩玩。李密自然没有不答应的理。于是，这边厢将士们奋勇杀敌，那边厢萧妃却玩得十分快活。这个时候，忍无可忍的大将军单雄信登上城楼，先将萧妃的祖宗十八代问候了一遍，又见李密仍旧一意孤行地护着这个“妖妇”，忍无可忍的单雄信操起长槊就把萧妃给杀了，然后很潇洒地扬长而去。

李密一看刚刚还笑语盈盈的美人就这样倒在了血泊之中，不禁心头火气，冲着单雄信的背影好一通地乱吼。然而，却并没有什么用。[1]

---

[1] 以上剧情选自2003版《隋唐英雄传》。

【真相揭秘·总算有个不错的结局】

武德二年（619年），河北枭雄窦建德率领着他手下的“农民武装军”一举攻破了宇文氏的老巢，将宇文家的男女老少几乎屠杀了个干净。平心而论，在隋末枭雄之中，除了李渊父子之外，也就这窦建德还算得上是一号人物。

在清点“战利品”的时候，窦建德发现了萧氏和女眷们。出于和当时的宇文化及同样的考量，窦建德命令手下一定要善待她们。您总不能打着为大隋复仇的旗号，结果把人家的老婆孩子给弄死吧。不过，也正是因为这有目的的“善举”，才使得后来的小说家们演绎出了窦建德与原配崔氏以及萧氏之间的狗血三角关系，活脱脱的是一场“婚姻保卫战”。当然，这些都是没有任何历史根据的胡扯罢了。

萧氏等在窦建德处待了没多久，突然有一天，北边突厥处派来了一个使者。为了推动两地邦交，窦建德以夏国最高领导人的身份出席了会谈。本以为会谈会签署些有关经贸交流往来的合同，哪知使者开口的第一句话就说：“咱们可汗的可贺敦[1]想要接她的嫂嫂去同住，大王您马上安排一下吧，咱们即日便出发。”

窦建德当时就懵了，心想您老人家不会是找错了门牌号吧？您家皇后的嫂嫂怎么会移民到我这地盘上了呢？这时，他身旁的随从迅速给他科普了一下历史常识。窦建德这才知道，突厥的可贺敦是杨家宗室女儿，也就是杨广的堂妹，在隋朝的封号是义成公主。按辈分算，她口中的嫂嫂指的就是萧氏。

那时候的突厥兵强马壮，灭一个在夹缝中生存的小小夏国简直就是分分秒秒的事情。如此，窦建德虽然觉得失去这一张王牌是一件十分憋屈的

---

[1] 可贺敦：突厥可汗正妻称谓。

事情，却也只好连连称是，当即便命人去帮萧氏打包行李，还顺便附赠上了杨家仇人宇文化及的人头。这真是一件瘆人的礼物！

毕竟是去自己的小姑子家，就算是路远迢迢，生态环境恶劣，萧氏的心中还是有几分欢喜的。在经过了长徒跋涉的搬家之后，萧氏等终于来到了突厥地面上。突厥王处罗可汗骁勇好战，性格粗犷，不过对他的继母加老婆的义成公主[1]倒好像是百依百顺，不仅好吃好住地款待萧氏一行人，还在几年之后辅立了萧氏的小孙子杨政道为隋王。

这隋王当然只是个象征性的叫法，况且杨政道当时不过是个两三岁的小娃娃，是无论如何都不会有任何实际意义的。这点，深谙权术的萧氏和处罗可汗都是再明白不过的了。不过，义成公主倒仿佛是真当回事的。她是个狂热的爱国主义者，对隋朝的覆灭一向耿耿于怀，尤其视后来的唐朝李氏为最大仇家，因而常常会在私下里和萧氏谈有关复国的那些事儿。

萧氏那时已经是个年过半百的老妪了，没那个心思，更没那个能力去和她瞎折腾了。她只想过些含饴弄孙的安静日子。道不同不相为谋，时间一长，她与义成公主的矛盾愈发激烈。这种矛盾直到七八年后才被完全化解。

贞观四年（629年），李世民命大将军李靖（就是传说中的“托塔天王”）北征。唐军气盛，再加上李天王指挥得当，几个月内便平定突厥，生擒那时的突厥领导人颉利可汗，并且杀死了经常在可汗耳边吹枕头风的义成公主。

十年的安稳再度被打破，萧氏心里真是比吃了黄连还苦。可是，令她万万没想到的是，李天王不仅没有对萧氏祖孙有任何为难，反而还以隆重

---

[1] 义成公主初嫁颉利可汗之父始毕可汗。依突厥古老风俗，始毕可汗死后又改嫁其继子处罗可汗、颉利可汗。

的皇亲之礼将他们迎回长安。这当然是经李世民授意的。李世民对这位前朝国母礼遇有加，甚至到了要劳动后世写手们挖掘绯闻的地步。

其实，李世民与萧氏的渊源颇深。论血亲，萧氏是李世民的表婶，论姻亲，是他的岳母（之一），更何况此刻李世民正在重用萧氏的弟弟萧瑀，对萧氏好一点实在也只是顺水推舟的人情而已。事实上，李世民不仅对萧氏好，对杨政道也不错。保证他吃穿不愁之外，还给予了他尚衣奉御的官职。虽没什么实权，却是五品高官，历来也只封给皇亲国戚。

这对于才十几岁的杨政道而言，实在是再好不过的安排了。有一次，李世民在与近臣的闲聊中也说道："朕今视杨政道，胜炀帝之于齐王远矣。"意思是说，我对你杨家的孙子，可比你杨广对你自个儿亲生儿子好得多。言语之中，颇有些得意之色。

提起这个，我又不禁想起了清朝康熙皇帝下令处死明帝崇祯皇帝朱由校之子朱慈焕一家时的罪名——朱某虽无谋反之事，未尝无谋反之心。实在是令人唏嘘！其实康熙皇帝也算是一代圣君，只可惜心灵格局比之隋唐帝王到底是小了点。说到底还是由于不够自信，因为宽容的根源就是自信。

贞观二十二年，萧氏过世。李世民下令，将萧氏以皇后之礼，于江都与丈夫杨广合葬，并加谥号为"愍"。这样的结局对一位亡国之后来说，已经是相当不错的了。

【相关史料】

炀帝愍皇后萧氏，梁明帝岿之女也。江南风俗，二月生子者不举。后以二月生，由是季父岌收养之。未岁，岌夫妻俱死，转养舅张轲家。轲甚贫窭，后躬亲劳苦。炀帝为晋王，文帝为选妃于梁，卜诸女皆不吉。岿乃迎后于舅氏，令使者占之，曰："吉。"遂册为妃。

…………

后性婉顺，有智识，好学解属文，颇知占候，文帝大善之。炀帝甚宠敬焉。及帝嗣位，立为皇后。帝每游幸，未尝不随从。时后见帝失德，心知不可，不敢措言，因为《述志赋》以自寄焉。

——《北史·卷一十四》

有遗腹子政道，与萧后同入突厥，处罗可汗号为隋王，中国人没入北蕃者，悉配之以为部落，以定襄城处之。

——《新唐书·卷五十九》

上谓秘书监萧璟曰："卿在隋世数见皇后乎？"对曰："彼儿女且不得见，臣何人，得见之？"魏征曰："臣闻炀帝不信齐王，恒有中使察之，闻其宴饮，则曰'彼营何事得遂而喜！'闻其忧悴，则曰'彼有他念故尔。'父子之间且犹如是，况他人乎！"上笑曰："朕今视杨政道，胜炀帝之于齐王远矣。

——《资治通鉴·卷一百九十三》

8. 成王败寇，君子成腹黑

——隐太子李建成真面目

【个人简历】

姓名：李建成

职称：太子

民族：汉

籍贯：陇西成纪

性格：宽仁率直

特长：军事、凝聚人心

父亲：李渊

母亲：窦氏

配偶：郑观音

子：李承宗、李承道、李承德、李承训、李承明、李承义

女：闻喜县主、归德县主等五女

签名档：谋害亲兄弟这事，我想都没想过

大众印象：嫉贤妒能，心胸狭隘，最终自食恶果的小人

参演剧目：《唐太宗李世民》《大唐情史》《隋唐英雄传》等

【剧情重现】

隋朝末年，因不满杨广暴政，各地起义军揭竿而起。太原留守李渊处处受到杨广的猜忌，终日郁郁寡欢，唯恐有一天全家都会命丧皇帝之手。这个时候，李渊的二儿子李世民劝他自立为王，成就一番大业。此话不仅遭到了李渊的拒绝，也引得了李渊长子李建成、四子李元吉的嘲笑。

李世民并不泄气，找好友刘文静相助。刘文静给李世民出了个主意，让当时留在太原行宫的两名宫妃陪不知内情的李渊喝酒。等到李渊酒醒之后，知道自己犯下了滔天大罪，只得听从了李世民的建议，在太原高举反隋的义旗，直攻长安。

在李世民的一手领导之下，大军很快就占领了长安，改国号为“唐”。李渊遂封李建成为太子，李世民为秦王，李元吉为齐王。[1]

【真相揭秘·晋阳起兵的重要参与者和决策者】

咱们中国古代有一个很有名的说法叫为尊者讳，本意是指在起名说话时避开长者或位高者的名讳，后来就变成了要避谈，甚至刻意去掩饰尊者们所犯的错误。但无论怎样避谈和掩饰，这些错误都已经存在且不可改变。

如果没有玄武门之变，那么唐太宗李世民会是中国历史上最无可挑剔的一位皇帝。为了弥补这种不完美，无论是古代的小说家还是现代影视剧编剧，大多选择了掩饰玄武门前的这件憾事，所用的方法其实也很简单，就四个字——情非得已。一个人抢夺别人的东西当然不道德，但倘若拿回本该属于他的东西，那当然是理所当然的。于是，玄武门之变中的受害者李建成反倒成了尸位素餐的施害者。

隋朝末年，天下分崩。时任太原留守的李渊敏锐地觉察出了时局的变化，便毅然决定在晋阳起兵，谋夺杨家的江山。李渊是隋朝皇亲[2]，有着国公之尊，且当时已经年过半百，绝对是位看透了权力之争的“老司机”。他这决定一下，没有谁能够动摇得了。同样的，也没有谁能够逼他做出这样“大逆不道”的决定，包括当时年仅十八岁的李世民，更不消说是要针

---

[1] 以上剧情来自电视剧《隋唐英雄传》。

[2] 李渊母亲独孤氏与杨广母亲独孤皇后为亲姊妹。

对李渊而设计出那些香艳而不堪为人道的事情了。

事实上，在整个晋阳起兵的过程中，李渊都是占据绝对主导地位的。在以他为首的领导决策层中，有四个最主要的成员，分别为李渊的长子李建成、次子李世民，以及两个谋臣裴寂和刘文静。至少在前期，这四个名字的前后顺序，也表明了李渊对他们的倚重程度。

李建成在那时接到的任务主要是在河东地区结交一些江湖豪杰，为日后的进一步行动赢得强有力的武装力量。一个新生的政权最需要的是什么？当然是人才！事实证明，这个二十七八岁的年轻人凭着他仁厚真诚的性格，为李渊网罗了许多有能力的文臣武将。这些文臣武将将在唐朝的建国战争中发挥极其重要的作用。

依着李渊李“老司机”的谋划，晋阳起兵的中心任务就是扫清唐军进入长安的一切屏障，然后以长安为根据地，征战四方，进而统一全国。李渊将清障的任务主要交给了李建成和李世民兄弟俩。这哥俩在这个时候分工合作，目标一致，真可说是团结如一人。显然，这样的团结是有效果的。

李建成带领的唐军以秋风扫落叶的速度，迅速攻克了西河（山西汾阳）、霍邑（山西霍县）、潼关。尤其是霍邑杀守将宋老生一仗，打得非常漂亮。有很多表现唐朝建国的影视作品也常常会有关于此战的特写，可他们却不约而同的将功劳归给了李世民——李渊在做什么？生病了。李建成在做什么？打不过逃了。

这当然是有很大问题的。因为打从起兵一开始，李建成和李世民都是分工合作，所处的地位、所接到的任务都是平等的。李世民不可能给李建成收拾烂摊子，李建成也没有弱到要这个小他九岁的弟弟罩着的道理。

大业十三年（617年）九月，李世民的军队与平阳公主的“娘子军”在渭北顺利会师。得到这个消息的李建成高兴坏了，赶紧开足马力，抄小路经新丰道直驱长安。十月，兄妹三人的二十万大军在长安城下会盟。那是唐朝建国史上最伟大的一个时刻！此时的李渊心里虽然也开心，但仍旧保持着清晰无比的头脑，指挥李建成李世民两路军分别从东南、西北方向包围长安城，其余诸军则从四只角中围攻。云梯架起来！火箭射起来！一个个都精神抖擞地开始作战了！

这样有组织、有规律的进攻，哪里是舒服惯了的隋朝守将们抵挡得住的？于是，唐军雄赳赳气昂昂地进入了长安城。

用武力夺取了城池，就一定要用仁德来安抚老百姓的心。要不然，这样的军队只能是蛮军，而不是义军。李渊自是明白这个道理。于是，在进入长安的当天，他就吩咐李建成和李世民，务必要管好各自手下的兵，如果有一丝一毫侵犯老百姓，定要拿他们这两个主帅是问。李建成李世民连连答应。于是，长安城中的老百姓该干吗还是在干吗。变天换皇帝这种事，说到底跟他们是没有一丁点儿关系的，只要能让他们的小日子过得红红火火就成。

如果要选出一个攻下长安最大的功臣的话，那必然是总指挥李渊无疑。其次才是李建成与李世民。这两人的排名并不分先后。若只是为了突显李世民对唐朝建国的功绩而抹去那二位的功劳，历史恐怕不会答应。

【剧情重现】

秦王李世民因为平定叛乱而立了大功，大得民心，李渊也连连封赏。这就引起了太子李建成和齐王李元吉的不满，为了斩断李世民的左膀右臂，他们先骗得李元霸举锤骂天，被雷电劈死，又设计陷害战将罗成，使得他被刘黑闼的部下万箭穿心而死。

李世民明知兄弟爱将双双死于李建成李元吉之手，心里虽然十分难过，但为了大局着想，不得不隐忍不发。李建成非但不知道收敛，反而将陷害的矛头直接指向了李世民。

于是，李建成在李渊面前诬陷李世民无礼于后宫嫔妃。李渊知道后大怒，旋即将李世民下狱。李建成遂又上奏李渊，说李世民手下将士对他忠心不二，为了防治他们劫狱，建议李渊把他们通通革职，遣离长安。李渊觉得有道理，便照此做了。[1]

【真相揭秘 · 是谁在陷害谁】

李渊攻占长安后的第二年，就发生了江都兵变，杨广被杀，隋朝被灭。一时间，天下更是乱成了一锅粥。当时的李渊还没有自个儿单干当领导，而是将杨广的孙子杨侑扶为皇帝，自己则做上了握有实权的大将军。自古以来，聪明人都是这么干的，远如曹操，近如宇文泰。

李渊一听到江都兵变的消息，脸上立马洋溢起春天般的笑容，在感慨几句宇文化及真蠢以后，立马确定了自己讨伐其他军阀的口号，那就是为隋朝，为我表弟复仇。这样说的最大好处就是即使他自立为帝了，也不是反隋，而是继承隋的大业。

于是，就在一个吉日良辰，少年皇帝杨侑吵着闹着要将皇位“禅让”给了李渊这位大伯公。李渊在做了多次推让之后，只得“勉强”接受了杨侑的豪礼，当上了大唐朝的开国皇帝。很快，李渊就册封长子李建成为太子，次子李世民为秦王，四子李元吉为齐王。至于那位传说中的“大隋第一好汉”赵王李元霸，当然只是一个传说。李渊倒是有一个叫李玄霸的儿子。不过很早就过世了，年龄与生平事迹与李元霸也没有一丝重合之处。同样，罗成这个人物在历史上也是不存在的。所以，李建成谋害李元霸和

[1] 以上剧情来自电视剧《隋唐英雄传》。

罗成的罪状也算是被洗清了。

唐朝建国后最主要做的是两件事，一是稳定住长安这块来之不易的根据地，二是尽早剿灭所有的军阀势力。对此，头脑清楚的李渊分别将这两件大事交给了李建成和李世民。这其实也不难理解。李建成是储君，让他在朝内做自己的帮手，多在朝臣们之间树立威信对他日后顺利接班很有好处。李世民是史上少有的军事奇才，他来干荡平天下的事，李渊自然放心。

攻与守其实是同等重要的两件事。但是，咱们可能都会有一个感觉。那就是打仗要比坐镇后方有更多的谈资。于百万军中取敌人首级，多么痛快，多么值得炫耀！李世民打薛举，擒王世充，灭窦建德，哪一场仗拿出来说都是古代战争史上的经典。如此，他的功劳自然要比在长安城中“享福”的太平太子李建成要大得多。这其实是很不公平的。打个比方吧！如果今天有人说在外赚钱养家的爸爸要比在家洗衣做饭、辅导孩子功课、照顾双方老人的全职妈妈花得精力多，恐怕大多数的女同胞都会举手表示抗议吧！

武德四年（622年），打赢了洛阳一战的李世民意气风发地回到长安，接受满朝文武的膜拜以及来自李渊的封赏。眼见弟弟得了这般功绩，若说李建成没有一点吃味儿，恐怕也不大可能。可这也是人之常情，没什么值得太指责的。当时东宫最主要的两个谋士，也就是咱们熟悉的魏征和王珪也屡屡提醒李建成要及早对将要功高震主的李世民做出相应的防范。李建成倒是听进去了，只不过并没有做出有实际意义的行动罢了。

所以，三年后的武德七年，李建成就被动陷入了一场很诡异的谋反案中。这事的主角是庆州都督杨文干。过程非常简单。杨文干有两个名叫尔朱焕和桥公山的部将。有一天，这二位惊慌失措地跑到李渊跟前，说杨都督让他俩送一副盔甲给他。为什么呢？因为杨都督要谋反。杨都督是谁呢？太子的心腹！四舍五入，太子要谋反！

这事很奇怪，非常奇怪！谋反得有动机，李世民即便功劳再大，也只是个亲王，走法律途径是永远也当不上皇帝的。李建成去冒这个风险干什么呀。其次，一副盔甲，又不是一万副，能当什么证据呢？当然，也有人说盔甲其实是代表了谋反的某种暗示性物件。可这么个物件未免也太扎眼了。您送块玉佩，送个簪子，效果不也差不多吗？再次是尔朱焕和桥公山二人倒戈得太快。要不就是这两人太蠢，要不就是这事另有玄机。

李渊听到密报以后，当即就决定召李建成前来对质。身负谋反的罪名，李建成心里很不安。可他仅仅犹豫了片刻，就决定应召而去。没有做过的事情，他怕什么？李建成到了李渊面前，声泪俱下地为自己辩解。李渊将信将疑，于是就下旨传另一个涉案当事人杨文干前来。杨文干并不真正了解李渊的性格，也没有李建成那么好的心理素质，他一听自己成了谋反案的犯罪嫌疑人，一着急就真反了。李渊知道以后，在盛怒之下将李建成软禁，又让久经沙场的李世民前去平叛。为此，他还和李世民说了一句私房话：等平叛之后，就让你做太子。

条件如此诱人，李世民当然十分卖力，仅仅用了四天时间，就献上了杨文干的首级。可令李世民没想到的是，李渊并没有兑现自己的承诺将太子之位给他。因为李渊左思右想都觉得这事太过蹊跷，理由大致跟咱们上头说得差不多。再加上朝中一些“太子党人”的说和，李渊便下令解除李建成的禁足，将东宫中允王圭、左卫率韦挺、秦王府兵曹参军杜淹流放到巂州（四川西昌）。

非常意味深长的一道旨意。李建成涉嫌谋反，处置他的人自然无可厚非，但为何又要搭上李世民的一个参军？各打五十大板的原因其实也不难猜测。那就是他意识到了李建成有可能是被人陷害，而十有八九，这个人就是李世民。可一来李渊没有证据，二来他对于忽悠李世民一事到底还是怀了几分愧疚的，那么流放你一个心腹算是给你的面子，也算是对你的敲打。由此看来，李渊对于权术的把玩还真的是非常娴熟的。

惊魂初定的李建成对李世民的防范之心又多了好几分，一击未胜的李世民心里也着实恼怒不甘。兄弟俩的斗法很快就会从幕后来到台前，一直到那件石破天惊的大事发生，才画上了一个永远有缺陷的句号。

【剧情重现】

唐朝武德九年，李建成与李世民之间的权力斗争已经到了白热化的地步。李建成听从了李元吉的建议，以践行的名义邀请李世民前来东宫赴宴，暗地里在东宫门外埋伏下士兵，准备找机会将李世民除去。

不料李世民却提前知晓了李建成的阴谋，因此有备而来。李建成眼见计划失败，心有不甘，于是便又心生一计，以毒酒要李世民的性命。李世民喝下毒酒以后，登时口吐鲜血，神志不清。等候在外的秦王府幕僚们立刻将他送了回去，经由太医诊治之后才勉强脱离了生命危险。

经此一事，李世民终于听从了幕僚们的建议，先发制人，以武力夺取权力之争的主动权。于是，就在唐宫玄武门前，李世民亲手射杀李建成，大将尉迟恭绞杀李元吉。[1]

【真相揭秘·受害者是怎么成为加害者的】

几乎所有影视剧在表现玄武门之变这一初唐最大的政治事件之时，都极为小心谨慎。原因也很简单——无论从哪个方面来讲，李世民都是中国历史上排得上号的明君。如何表达明君登基路上的这一个污点，办法只有一个，那就是改变动机。因为过程和结果都无法改变，而动机，可以肆意

---

[1] 以上剧情来自电视剧《大唐情史》。

揣测。

所以在很多人的印象中，李世民发动玄武门之变的动机只是被逼无奈之下的自卫反击。兔子急了都要咬人，更何况是像李世民这种久经沙场的“纯爷们”。于是，就有了李建成摆鸿门宴毒杀以及设伏兵暗杀李世民的种种让人忍无可忍的行为。这可不仅仅是编剧们的原创，连有些史书上也绘声绘色地记录下了这一惊心动魄的事件。

然而，只要稍加分析咱们就会知道，这样的情景其实是经不起推敲的。武德七年(624年)以后，唐朝的对外战争就基本结束了。李建成和李世民阵营也就可以“安心”地想法子搞宫斗了。如果李世民真的在武德九年六月收到了来自李建成的宴会邀请函的话，那么依着他的智商，当然知道这是一场死亡约会，可若不去，这也不是他的性格。于是他很有可能真的去了，而且也极有可能是单刀赴会，因为他本身心里就有些个人英雄主义情结在。他的谋士们有可能言辞劝服他不要涉险，也有可能自告奋勇地要求陪同他一起去，但通通都被这位说一不二的秦王给拒绝了。

如此，李世民便自信，甚至自负地走进了东宫，从容不迫地在这场“鸿门宴”上谈笑风生。接着，李建成将一杯藏有剧毒的酒递给了李世民。李世民在明知此酒有异的情况下仍旧毫不犹豫地喝了下去，回府后就吐血数升，倘或没有太医的妙手回春，大概也就没有几天以后的玄武门之变了。

以上这一切均是根据电视剧情节所做出的合理化补充想象而已。但是怎么看都让人觉得十分别扭。别扭一：李建成不是蠢人，为何会在由自己主办的宴会上用下毒这种低智商的手段来对付李世民？别扭二：像李世民这么聪明的人为何要让自己受毒酒之害呢？别扭三：这是哪一位华佗再世的太医可以将中毒如此之深的人起死回生，而且仅仅只在四天以后，李世民就能够发动政变将李建成李元吉等人诛杀？

为了让这样的别扭变得不再别扭，咱们可以慢慢地想法子破解。破解办法一：李建成的毒酒是“三无产品”，根本没能在预计的时间里发挥出它应有的效果。但是，可能吗？破解办法二：李建成没有下毒，这只是李世民反客为主、自导自演的一场苦肉计。这是有可能的。因为这能给李世民拉上好多同情票，也铺垫了他为什么要发动政变诛杀亲兄亲弟。终极破解办法：连这场鸿门宴都是子虚乌有。

其实，李建成并不是人们想象中的那一类心胸狭隘的小人。司马光就曾说：隐太子(李建成)有泰伯[1]之贤。《旧唐书》中也记载：“高祖每令（李建成）习时事，自非军国大务，悉委决之。”意思是说，李渊很放心地将处理日常政务的权力交给了李建成，可见其政治才能不弱。然而，这样的才干在李世民光彩夺目的军功，以及秦王府内那些世所罕有的文臣武将面前，显然是要逊色很多。

但就算这样，李建成也从来没有动过要杀李世民，甚至杀他心腹的念头，尽管李元吉曾经积极地怂恿他那么做过。尽管在玄武门之变以后，当太子洗马魏征作为俘虏被押送到李世民面前的时候，也曾愤愤不平地说了一句：“如果太子早听我一句话杀了你，又怎么会有今天的结局？”

可是，在玄武门前，李世民还是毅然决然地拿起弓箭，亲手射杀了自己的这位长兄，甚至没有放过他的五个儿子。向来对李世民不大感冒的明末思想家王夫之曾这样评价李世民在玄武门之变时的表现：太宗亲执弓以射杀其兄，疾呼以加刃其弟，斯时也，穷凶极惨，而人心无毫发之存者也。这是非常重的一句话。但不得不说，这样的大白话才有可能最接近于历史的真实。

好在，李世民是个好皇帝，而且数百年难得一遇。好在，李世民并

---

[1] 泰伯：姬姓。商朝时期吴国第一代君主，贤王。

不是真正冷血无情的人。在玄武门之变两年以后，李世民追封李建成为息王，加谥号为“隐”，贞观十六年（642年）又恢复其太子之位，所以后代也称李建成为隐太子。《谥法解》中说：“见美坚长曰隐；怀情不尽曰隐；不明误国曰隐；威德刚武曰隐。”这是个相当不错的谥号。

玄武门之变影响了李世民的一生，成了他在睡梦中也忘不了的阴影，甚至也影响到了他在接班人选择问题上的考量。历史记载，在李世民的十一个长大成人的儿子中，除了当了皇帝的李治和庸碌无能的李福之外，其他全部死于非命。有人说，这是因果报应。但我真的不愿意这么想。还是那句话，谁能给老百姓真正好的生活，谁就是名正言顺的好皇帝。虽然，这对于李建成而言是极不公平的。

【相关史料】

帝将麾下左右轻骑数百，先到霍邑城东，去五六里，以待步兵至。方欲下营，且遣大郎、二郎各将数十骑逼其城，行视战地。帝分所将人为十数队，巡其城东南而向西南，往往指麾，似若安营而攻城者，仍遣殷开山急追马步等后军。老生在城上，遥见后军欲来，真直谓逼其城置营。乃从南门、东门两道引兵而出，众将三万许人。

帝虑其背城不肯远斗，乃部勒所将骑兵马左右军，大郎领左军，拟屯其东门，二郎将右军，拟断其南门之路。仍命小缩，伪若避之。既而老生见帝兵却，谓为畏己，果引兵更前，去城里余而阵。殷开山等所追步兵，前军统列方阵，以当老生中军，后军相续而至。未及战，帝命大郎、二郎依前部分，驰而向门。

义兵齐呼而前，红尘暗合，鼓未及动，锋刃已交，响若山崩，城楼皆振。帝乃传言已斩宋老生，所部众闻而大乱，舍仗而走，争奔所出之门，门已大郎、二郎先所屯守，悬门不发。老生取入不得，城上人下绳引之，老生攀绳欲上，去地丈余，军头卢君谔所部人等，跳跃及而斩之，传首诣帝。

——《大唐创业起居注》

及刘黑闼重反，王珪、魏徵谓建成曰："殿下但以地居嫡长，爰践元良，功绩既无可称，仁声又未遐布。而秦王勋业克隆，威震四海，人心所向，殿下何以自安？"

…………

太宗即位，追封建成为息王，谥曰隐，以礼改葬。葬日，太宗于宜秋门哭之甚哀，仍以皇子赵王福为建成嗣。十六年五月，又追赠皇太子，谥仍依旧。

——《旧唐书·李建成传》

9. 谁说我是“妻管严”

——“昏童”李治真面目

【个人简历】

姓名：李治

职称：晋王、太子、皇帝

民族：汉

籍贯：陇西成纪

性格：喜怒不形于色

特长：恋爱、书法、以柔克刚

父亲：李世民

母亲：长孙氏

配偶：王氏、武氏

子：李忠、李孝、李上金、李素节、李弘、李贤、李显、李旦

女：义阳公主、宣城公主、安定公主、太平公主

签名档：夫唯不争，则天下莫能与之争

大众印象：懦弱无能、优柔寡断的严重“妻管严”患者

参演剧目：《唐太宗李世民》《大唐情史》《武媚娘传奇》等

【剧情重现】

贞观十七年，太子李承乾和魏王李泰正斗得你死我活，不可开交。而此时的晋王李治却安心地在书房里读书写字，修养身心。李治舅父长孙无忌不喜欢脾气古怪的太子，也不喜欢阴险狡诈的魏王，而一心想要扶持听话懂事的晋王李治。

一朝太子和魏王谋反被流放，长孙无忌在李世民面前力荐善良孝顺的李治为新储君。李治感动于舅父对自己的信任，却实在对太子之位不感兴趣。但只要一想到一旦当上太子，就有可能能和自己喜欢的武才人在一起了，便也觉这是一件非常好的事情。犹豫再三之后，李世民终于下定决心听从长孙无忌的建议，让李治入主东宫。[1]

【真相揭秘·“以柔克刚”的权谋高手】

长久以来，李治在人们眼里一直是一个温和敦厚、唯唯诺诺的皇帝。因为编剧们总喜欢将李世民或者武则天作为主角来写，在这两位超人气主角帝王面前，李治唯有当小配角的份。然而事实上，李治才是真正深谙于权力之争的主角，只不过，他藏得太深。

就在大唐贞观十七年（642年）三月的一天，晋王李治哭丧着脸，一言不发地站在父亲李世民的面前。李世民一看，今天这孩子情绪可不对，该不是有了成长的烦恼了吧？于是，便轻轻拍拍李治的肩膀，慈爱地说道：“雉奴[2]啊，是不是最近学习上有什么困难？”李治欲言又止，只得把头埋得更低了。

看着这委屈的小模样，李世民的心里可真是着急坏了。在他的再三逼问之下，李治才吞吞吐吐地说道：“四哥他威胁我，让我不要与他争太子之位。”此话一出，可把李世民给气坏了。就在不久以前，齐王李祐在齐州谋反伏诛，紧接着太子李承乾又伙同大将军侯君集想要弑父夺位，被废为庶人。这一系列的巨大打击，让李世民伤透了心。

不过，在伤心中他又找到了一丝安慰。因为他回头看看，除了李承乾

---

[1] 以上剧情来自电视剧《大唐情史》。

[2] 李治乳名。

和李祐之外，能把江山托付之人还真是不少。其中，最让他满意的就是李治口中的“四哥”魏王李泰。李泰身材魁梧，是个资深文学爱好者，还组织编写了一部“大块头”的地理著作《括地志》。不过，就算李泰无才无貌，根据礼法，嫡长子没了，他这嫡次子也会稳稳当当地坐上这太子宝座。可是，李泰偏就是个“作死小达人”。为了给自己上位再加些筹码，他居然跑到李世民面前去毛遂自荐，说等到他即位以后，一定会好好对待各位兄弟姊妹。好到什么程度呢？杀了自己的儿子，把皇位传给弟弟李治。

这样的情商，还真是低到尘埃里去了。若他此话是真心的，那么一个连亲儿子都能杀的人，又怎么可能成为一个好皇帝呢？若此话是虚与委蛇，那么一个犯了“欺君之罪”的人，又如何能当皇帝？这一点，智谋过人（老谋深算）的李世民怎么会看不出来？没有太多的犹豫，李世民就默默地把李泰的继承权剥夺了。

很快，李泰就通过了他的“克格勃”情报网得知了这个晴天霹雳的消息。这肯定是有人在背后打我的小报告啊！李泰想着，打小报告的这个人，肯定是利益的最大受益人，也就是皇位的第二顺位继承人李治，想不到他平时不声不响，野心却这么大。李泰越想越气，登时就找到了李治，气呼呼地找他算了一账。

那时候的李治还是个十五岁的小少年，被这么劈头盖脸地说了一顿，心里着实有些委屈。有委屈了就得告诉家长呀！李治也是这么想的。不过这孩子聪明，知道兄友弟恭的道理，决不能让人看出他是特意去告状的样子。于是乎，他就每天装出些郁郁寡欢的模样，果然爱子心切的李世民终于忍不住开口问了。这欲擒故纵的道理，李治从小就是深谙的。

不过，后世就有人觉察出了这事的蹊跷。李泰情商是不高，但也总不至于这么低吧。进而就怀疑，这一切都是李治自导自演的骗局。他才是这场诸王内斗中最后的大boss。“夫唯不争，故天下莫能与之争”，李家老祖宗[1]以逸待劳的修炼方法，李治算是得到真传了。

经过了这次火上浇油，李世民算是彻底对李泰绝望了。于是，很快就以其擅自结交大臣、觊觎皇位为由，将他降为东莱王，贬往均乡安置。李治旋即被立为皇太子，正位东宫。这下，纷乱的朝局才被压制了下来。大臣们普遍对这位年纪轻轻却温文尔雅、勤奋好学的新任太子寄予厚望。

可是，就在几个月以后，李世民就后悔了。这孩子纵有万般的好，可是却有一点致命不足，那就是性格太过优柔寡断。这样的人若是当个藩地亲王倒可以平安一世，可若想做这堂堂“超级大国”的最高领导人，怕是要心有余而力不足了。李世民在辗转反侧地考虑几天后，终于下定了决心。既然这个太子不合我的心意，那就换吧，反正我的手里还有候选人。这位闪亮登场的候选人名叫李恪，那可是李治的真正对手。

李恪是李世民的第三子，母亲是隋炀帝的女儿，血统相当高贵。李恪允文允武，深得民心，在朝廷内外人气很高，更重要的是，他的长相、性格简直就是李世民的翻版。如此珠玉在侧，当初怎么还会轮到李治当太子？那是因为李恪是庶子，在嫡子还在世的情况下，几乎已经从根本上断绝了他的继承权。可法律是死的，人是活的。既然法外能开恩，那么咱在法外选一个有能力的儿子即位，那又有什么不可呢？

可是，现代人有句话说得好：“天真的想法往往很完美。”换句话说，完美的想法通常很难被付诸实施。李世民这念头一出来，就被他的大舅子，太尉长孙无忌扼杀了。他耐心地劝说，陛下您也是老大不小的人了，怎么做事还如此朝秦暮楚？李治虽然内向（懦弱），可将来却能永保兄弟姊妹们富贵一生，李恪虽然英武（强势），可将来会怎么对待政敌？

---

[1] 李唐皇族以道家学派创始人老子（李耳）为其祖先。

陛下您好好想想自己当年在玄武门干的那些事就会明白了。

李世民一听，心里顿时就变得拔凉拔凉了。倒不是他不相信李恪，而是他明白了一个事儿：李恪再好，若得不到朝中大佬的支持，那也是白搭。看着长孙无忌面红耳赤的样子，倒是真忠于自己和太子。也罢也罢，一切都顺其自然吧。反正自个儿这身子骨还算硬朗，还可以好好调教调教太子。

这个时候的李治虽然隐隐觉察出了李世民对他的不满，但他却不动声色，凡是父亲对他说的话，他都铭记于心，凡是父亲让他做的事，他都按时完成。创造力不行，但执行力一定得优秀不是？以柔克刚，以不变应万变，那才是权谋高手的招数。

【剧情重现】

长孙无忌因为当年阻止过李世民想要立吴王为太子的决定，所以与吴王有着不可调和的矛盾。李世民一死，长孙无忌就听了房遗爱传来的假消息，向李治密报吴王和高阳公主等人谋反。李治哭着说，他们是父皇生前最宠爱的哥哥和妹妹，他们不会威胁到自己的皇位，恳求长孙无忌放他们一马。长孙无忌却完全不理会他的话。

没多久，长孙无忌便带着一群人杀进了吴王府内。吴王至死不屈，质问长孙无忌为何非要置他于死地，他说历史会知道自己是清白无辜的。长孙无忌只说了一句“非我族类，齐心必异”，意在说吴王有隋朝血脉，将永远是大唐江山的威胁。[1]

【真相揭秘·“借刀杀人”的果敢帝王】

永徽四年（653年）正月里，一封由大理寺卿整理的案宗经过长孙无忌

---

[1] 以上剧情来自电视剧《大唐情史》。

的手转交给了年轻的皇帝李治。李治一看，吓得差点从龙椅上滚了下来。案宗中说他的哥哥吴王李恪、妹妹高阳公主、巴陵公主、叔叔荆王李元景等人意图谋反，被梁国公房玄龄的长子房遗爱给告发了。

等到李治缓过神来，细细品味了一下这件案子，心里就立马明白了七八分。要说这些人聚在一起喝酒打牌，发泄一下对社会的不满，估计是可以有的，可若说他们要合谋革命，这大概是真没有。特别是当时还在安州都督任上的李恪，哪里会有时间抽身和他们混在一起？可是，既然舅父认为是真的，那就一定有理由，而且也并不难理解。

长孙无忌对李恪的嫉恨是由来已久的。谁让李恪当年差点抢了他外甥的储君位置？况且李恪自永徽以来名望日盛，朝内有许多人是以他马首是瞻的。可是，木秀于林，风必摧之，在当时那种看似是主弱臣强的情况下，这样的名望对他而言是有百害而无一益的。瞧，这杀身之祸不就来了吗？

还没等长孙无忌详诉案情，李治就先哭起来了。他流着眼泪说："荆王是我的亲叔叔，吴王是我的亲哥哥，怎么可能会造我的反？要不咱再派一个专案小组去好好调查一番吧！"长孙无忌一听可不干了，谋反这事，可是宁可信其有、不可信其无的事情，这些人胆敢对陛下不利，不杀不足以赎其罪。这话才刚说完，李治立马擦干了眼泪，带着些壮士断腕的语气说道："那就按照法律法规来处置吧。为了国家的长治久安，关键时候还是要大义灭亲的。"

如此，永徽四年的这场所谓皇室谋反案，就以犯罪嫌疑人的全部死亡而结束。历代评论大多认为这是长孙无忌对那些政治"刺头"，尤其是李恪所精心炮制的一场大阴谋。由是，长孙无忌的权力达到了史无前例的高峰，至于李治，在其中所扮演的只是一个玉玺的角色。不过，从后来李治在废立皇后等事上的态度来讲，他是有相当主见，态度也是相当强硬的。

没有他的默认和支持，就算长孙无忌已经权倾朝野，也未必敢如此贸然对一位能够“绝天下望”[1]的亲王下手。

李治先借了长孙无忌的刀除去了李恪，很快，又借了另一个人的刀除去了长孙无忌。这是个女人。一开始，人们叫她武才人，后来升级成了武昭仪、武皇后。不过，现代人还是更喜欢喊她武则天。当年，当武则天还是李世民后宫一个小小才人的时候，就被李治给看上了。李治从小丧母，内心总有些“俄狄浦斯情结”，对这位极具成熟风韵的庶母一见倾心，并且难以忘情。等到李世民驾崩之后，在皇后王氏的引荐下，李治又重新将她接进了宫立为昭仪。

可是人的贪欲是无限的，武昭仪很快就不满足于现状。皇帝再宠爱自己，也只是一个妃子，说白了，不就是个小老婆吗？志在谋夺后位的武昭仪先是以小公主的死为借口，将王皇后和萧淑妃拉下了马。其实，李治原就是个聪明人，不会不明白她们不可能傻到要谋害一个出生不久的小公主的命来争宠。可是，他依旧还是执意将她们废黜，并且在不久以后就立了武昭仪为皇后。

这当然不只是出于个人的好恶。与其说李治断绝了与王皇后和萧淑妃的关系，不如说是断绝了与她们背后势力的关系。因为就在同时，他就将王氏与萧氏的父族全部流放，让他们为开垦祖国荒地尽一份绵薄之力。不久以后，又将顾命大臣宰相褚遂良贬为外州刺史。眼不见，也就心不烦了。李治放眼朝廷，总算是顺眼一些，除了那一只难对付的大老虎长孙无忌。可是再难也得去试试，不试就永远不可能成功。

于是，在显庆四年（659年）四月某个阳光灿烂的午后，礼部尚书许敬宗把一份供状递到了李治的面前。被告是太子洗马韦季方和监察御史李

[1] “以绝天下望，海内冤之。”（《旧唐书·太宗诸子传》）

巢，罪名是结交朋党，搞政治小团体。二人为了戴罪立功，直言长孙太尉是他们的顶头靠山。李治一看，又哭了。他哽咽地说道："真是家门不幸啊！前几年我妹子谋反，如今我娘舅也干这事，真是造孽！"

这可真是稀奇！人家明明就是个单纯的朋党案，你非要给定性成谋反。如果不是李治的理解能力出现了偏失，那就是他有意为之。这长孙无忌虽然是他的亲舅舅，也曾为巩固他的皇位立下过汗马功劳，但是他未必愿意总让这位"老资格"的舅舅牵着鼻子走。年轻气盛加之性格中的叛逆作祟，李治要对长孙无忌开刀似乎也是在情理之中的。

不过，拥有皇帝和外甥双重身份的李治不可能亲自举刀，于是，就把这刀交给了武皇后。武皇后一想，我这皇帝老公也太小题大做了，让咱们手下小弟许敬宗去张罗不就成了吗？许大尚书果然深孚厚望，很快就找到了突破口，出色地完成了这个艰巨的任务。可是，不论李治心里怎么偷着乐，表面上的戏还是得演足了，毕竟史官还在旁边盯着呢。

许敬宗也不笨，既然陛下喜欢演戏，那么咱只管配合着就得了。于是，他就苦口婆心地劝谏说："陛下呀！现在已经是证据确凿了。您可不能够感情用事！想当年汉文帝秉公执法，处置了舅父薄昭，赢得了大公无私的美名。您也一样可以的。"李治瞬间就豁然开朗："许尚书说得好！朕先给你点个赞！不过舅父历经三朝，劳苦功高，虽然脑筋短路，不小心谋了个反，但是咱还是要给他改过自新的机会，就留他一条命吧！"

说着，李治就下了手诏，将长孙无忌"双开"，褫夺他的爵位与官位，流放黔州。三个月后，许敬宗在帝后的授意之下，委派大理正袁公瑜来到黔州"看望"长孙无忌。当夜，长孙无忌就"被自杀"了。一代权臣，一心一意地拥护自己的外甥，甚至不惜构陷政敌，结果却恰恰死于这位亲外甥之手，真不知是该哀还是该叹。难怪史书上会这样评价：

无忌、遂良衔不协之素，致千载之冤。永徽中，无忌、遂良忠而获罪，人皆哀之。殊不知诬陷刘洎、吴王恪于前，枉害道宗于后，天网不漏，不得其死也宜哉！[1]

【剧情重现】

李治因为患有某种心脑血管疾病，所以眼睛经常看不见东西，朝中的大事小事都由武皇后亲自处理，李治只消盖上玺印就可以了。到后来，连玉玺也直接交给武皇后保管了。

因为钟爱太子李弘，所以李治一度想要将皇位传给他。哪知不久以后，李弘就莫名其妙地死了，再后来，新任太子李贤也莫名其妙地因谋反被武皇后流放巴州。李治一连失去两位爱子，心里悲恸异常。虽然隐隐觉得可能与武皇后有关，但也只能无可奈何地听之任之。

由此，武皇后彻底地架空了李治，成为大唐朝廷实际的掌权者[2]，为后来的改朝换代积累了宝贵的实战经验。

【真相揭秘·被误诊的“妻管严”】

自打与武皇后通力合作，把长孙无忌等老臣赶下政治前台之后，李治总算是迎来了人生中的真正春天。在他执政期间，国家发展平稳有序，人均GDP保持高位盘旋，颇有“贞观之遗风”。平心而论，在唐朝帝王中，李治完全能称得上是圣君明主。可尽管如此，在宋人编写的《新唐书》中还是不留情面地称他为“昏童”[3]。究其缘由，自然是与武皇后后来篡夺了

---

[1] 《旧唐书·太祖诸子、代祖诸子传》。

[2] 以上剧情来自电视剧《武则天秘史》。

[3] “以太宗之明，昧于知子，废立之际，不能自决，卒用昏童。”（《新唐书·高宗本纪》）

李唐江山有关。

李治自小就是个病秧子，年纪大了以后，更是患上了现代中老年人常见的心脑血管疾病，常常头昏目眩，眼不能视。这个时候，他就选择了武皇后作为代理人来替他处理公务。史料记载，自麟德元年（664年）起，武皇后就开始与李治共同听政，后来又被合尊为“二圣”。在政治上依赖的同时，在情感上则更是忠贞不贰。

可这“忠贞”似乎也是在不断出轨以后才换来的。李治的第一次婚外恋对象是他的大姨子，武皇后的姐姐韩国夫人。不过很快，这位武姐姐就莫名其妙地死了，坊间流传是被武皇后暗杀的。安稳日子没过多久，第二任外遇对象又来了，她就是武姐姐的小闺女魏国夫人。这个天真无邪的小丫头妄图以自己的美色俘获姨夫的心，继而取代姨母的位置。可是，无数惨痛的经验告诉我们，和老姜争辣的结局通常都会失败。小丫头很快也追随着母亲的脚步去了另一个世界。

自此以后，李治总算是收了心，乖乖地回归家庭了。打这以后，他就开始全面地让武皇后参与国家大事。可是，尽管李治心甘情愿地让老婆大人参政，也不是我们想象得那样，将“权、民、责”一股脑地给交出去，而仍然是“我的国家我做主”。可以说，此时此刻的武皇后扮演的还只是一个智能计算机的角色，而操控她的无疑还是李治。

说到这里，您或许会有一个疑问：既然知道自己身体不行，按照正常皇帝的思维，不是应该想着扶持儿子上位吗？可是李治也有自己的想法，自己得的是慢性疾病，万一等一段时间生活又能自理了，那肯定得把权力要回来啊。问老婆要可不是比问儿子要容易多了吗？放眼古往今来，儿子夺老子权力的例子数不胜数，可老婆抢老公权力的事似乎并不多见。这一点，李治可是清清楚楚、明明白白的。

当然，他也知道，早晚有一天，他会离开这个美好的世界，自己的宝贝儿子也总会成为皇帝事业的接班人。所以，很多时候，他也会带着武皇后一起去洛阳行宫小住几个月，疗养疗养身体，而让太子在长安监理军政大事。

那个时候的太子是他的次子李贤。这个李贤能文能武，长得又帅，更重要的是，和他那早逝的兄长孝敬皇帝李弘相比，他身心健康，精力充沛，颇有几分祖父太宗皇帝的遗风。可是，就是这样一个“五好”太子，却在不久以后，因一个十分诡异的谋反案被“纪检部门”请去了“小黑屋”受审。

调露二年（680年），当时的宰相裴炎带领着手下的一群监察人员，拿着“特别许可证”，浩浩荡荡地来到了太子的府邸，顾不得先和太子打声招呼，就直冲马房，在一堆鲜草饲料下找到了几百套盔甲。众人一起上前，七手八脚地将这些盔甲作为物证，运回了大理寺。裴炎第一时间进宫面禀“二圣”，指称太子谋反。

没过几日，武皇后就命人下达了圣旨，撤销李贤太子的职称，先将其拘禁起来。待到三司会审过后，就以犯罪事实清楚、动机明白、证据确凿为由，将他流放巴州看管起来。

对于这件事，后世人对李贤表现出了极大的同情，也对武皇后虎毒食子的行为表现出了极大的鄙夷。至于对李治的看法，大多数看客们都忍不住摆摆手道：“哟！他也没法子。老婆厉害嘛！您以为他不想救儿子吗？”

您别说，估摸着他还真不想救儿子！从马厩里搜出些盔甲来就能算谋反？您不信？当然李治也不会信。可是，不是有一个罪名叫“莫须有”吗？不是“可能有”，而是“没必要有”。像李贤这样“双商”又高、能力又强、人缘又好的太子，若想要谋反，还不是分分秒秒的事吗？那你岂不是成了皇帝的威胁了吗？皇帝的权力，我可以赐给你，而你却不可以瞎惦记着。你若一旦惦记了，那我就只得将你扫地出门了。过去对于李恪、长孙无忌，甚至对于亲儿子李忠、李素节，他都是这个态度。这和所谓“惧内”，实在是没有多大的关系。

一个儿子倒下了，另一个儿子站起来了。对于不差儿子的李治来说，再立一个太子可不算什么难事。如此，李贤的胞弟李显就此走上了历史的前台。李显的性格能力和他的两位兄长实在不是一个画风，不过好在他有一个他们都没有的优点，那就是听话。听话的孩子，往往很能得到长辈的疼爱。

永淳二年（683年）年底，饱受病魔折磨几十年的李治驾崩。在临终之前，他依依不舍地留下许多遗命。其中，最重要的一条是留给皇后和太子的。他说的是：“军国大事有不决者，兼取天后进止。”意思是说，儿子啊，如果将来有任何不能自己决断的军国大事，都要交给你娘亲处理哦！

这短短的一句话，包含的意思却不小。首先，他也明白，这李显虽然听话，却不一定能成为一个好皇帝，就算头上长出了草来，也必然有许多问题是他不能够处理的；其次，如果这些问题你不能处理，那就交给天后，对于老婆的能力，他是一清二楚的。可是，他在“不决者”的事情之前又加了个“军国大事”的定语。这也就无形中限制了武皇后的权力。您瞧，就算在临终前，他的思路还是如此的清晰，怎会是一个唯唯诺诺的“妻管严”呢？

【相关史料】

魏王泰恐上立晋王治，谓之曰：“汝与元昌善，元昌今败，得无忧乎？”治由是忧形于色，上怪，屡问其故，治乃以状告；上怃然，始悔立泰之言矣。

…………

太子承乾既获罪，魏王泰日入侍奉，上面许立为太子，岑文本、刘洎亦劝之；长孙无忌固请立晋王治。上谓侍臣曰："昨青雀投我怀云：'臣今日始得为陛下子，乃更生之日也。臣有一子，臣死之日，当为陛下杀之，传位晋王。'"

…………

上疑太子仁弱，密谓长孙无忌曰："公劝我立雉权，雉奴懦，恐不能守社稷，奈何！吴王恪英果类我，我欲立之，何如？"无忌固争，以为不可。上曰："公以恪非己之甥邪？"无忌曰："太子仁厚，真守文良主；储副至重，岂可数易？愿陛下熟思之。"上乃止。

…………

春，二月，甲申，诏遗爱、万彻、令武皆斩，元景，恪、高阳、巴陵公主并赐自尽。上泣谓侍臣曰："荆王，朕之叔父，吴王，朕兄，欲匄其死，可乎？"兵部尚书崔敦礼以为不可，乃杀之。

…………

会洛阳人李奉节告太子洗马韦季方、监察御史李巢朋党事，敕敬宗与辛茂将鞫之。敬宗按之急，季方自刺，不死，敬宗因诬奏季方欲与无忌构陷忠臣近戚，使权归无忌，伺隙谋反，今事觉，故自杀。上惊曰："岂有此邪！舅为小人所间，小生疑阻则有之，何至于反！"敬宗曰："臣始末推究，反状已露，陛下犹以为疑，恐非社稷之福。"上泣曰："我家不幸，亲戚间屡有异志，往年高阳公主与房遗爱谋反，今元舅复然，使朕惭见天下之人。兹事若实，如之何？"

…………

韩国夫人及其女以后故出入禁中，皆得幸于上。韩国寻卒，其女赐号魏国夫人。上欲以魏国为内职，心难后，未决，后恶之。

…………

天后使人告其事。诏薛元超、裴炎与御史大夫高智周等杂鞫之，于东宫马坊搜得皁甲数百领，以为反具；道生又款称太子使道生杀崇俨。上素爱太子，迟回欲宥之，天后曰：“为人子怀逆谋，天地所不容；大义灭亲，何可赦也！”甲子，废太子贤为庶人，遣右监门中郎将令狐智通等送贤诣京师，幽于别所，党与皆伏诛，乃焚其甲于天津桥南以示士民。

…………

十二月，丁巳，改元，赦天下。上欲御则天门楼宣赦，气逆不能乘马，乃召百姓入殿前宣之。是夜，召裴炎入，受遗诏辅政，上崩于贞观殿。遗诏太子柩前即位，军国大事有不决者，兼取天后进止。

——《资治通鉴·唐纪》

10. 她只是个叛逆的纯情少女

——“任性”高阳公主真面目

【个人简历】

姓名：李氏（闺名不详）

职称：高阳公主、合浦公主

民族：汉

籍贯：陇西成纪

颜值：美艳动人，风情万种

特长：打猎、交际

父亲：李世民

母亲：不详

配偶：房遗爱

子女：不详

签名档：勇敢追爱，我无怨无悔。

大众印象：任性刁蛮、淫乱佛门的恶妇、杀人凶手。

参演剧目：《武则天》《大唐情史》《武媚娘传奇》等。

【剧情简介】

在高阳公主十五岁那年，李世民给他选了宰相房玄龄家的二公子房遗爱为夫君。从小备受宠爱的高阳公主对这门婚事极不满意，因为这个软弱无能的男人与高阳公主理想中的夫君实在是相差甚远。

在高阳公主的眼里，最完美的男人莫过于与她从小一起长大的亲哥哥吴王李恪。在她眼里，任何人和吴王一比，都黯然失色。因为看重吴王，她甚至隐隐期待着嫁给吴王的好友，房家大公子房遗直。然而，当一切的抗争失效以后，她最终还是成了房遗爱的妻子。

在新婚之夜，高阳公主就把房遗爱锁在了门外。此后更是以“将在外君命有所不受”为由拒绝房遗爱的亲近。房遗爱愤恨之余，却也敢怒不敢言。[1]

【真相揭秘·捆绑夫妻的心酸】

谈谈你最熟悉的唐朝公主。

据说，这是某初中历史考试中的一道附加题。如果让各位来做这道题的话，我想，选择咱本篇主人公高阳公主的朋友肯定不会少。一是因为影视剧的渲染，尤其在前两年播放的一部颇具争议性的长篇古装剧《武媚娘传奇》中，更是把她塑造成了一个谋害亲侄女的凶手；二是因为高阳公主其人的一生的确很传奇，或者说，是很“奇葩”。

李世民从小就对这个闺女宠爱有加。一来是因为她长得漂亮，二来是她有些男儿气的性格很符合李世民的审美标准。但是，再怎么喜欢，等到闺女大了，也得给别人家当媳妇不是？再默默观察了朝内所有官宦子弟之后，李世民终于给她找了一个好夫婿。

那么，好夫婿的标准是什么呢？现代人的观点不一。有的说要学识渊博，有的说要事业有成，还有的说要勤俭顾家。但是，在高阳公主那个时代，最“简单粗暴”的标准就是门第要高。李世民给爱女找的驸马名叫房遗爱，是唐初名相、贞观之治奠定人之一——房玄龄的次子。李世民对房玄龄倚重到什么程度呢？不仅放权让他去搞经济文化建设，还时不时地关心他的家庭生活，心情好的时候干脆赏赐他几个漂亮宫女作为“慰问品”。

---

[1] 以上剧情来自电视剧《大唐情史》。

让女儿嫁到这样知根知底的人家，李世民自然是一百万个放心的。那时候的高阳公主才是个十四五岁的小丫头，虽然从小备受娇宠，但在婚姻大事上却全然由不得她做主。不过，就算由得了她，她也未必能为自己挑一个比房遗爱更好的驸马。毕竟，长于皇宫的女子终其一生又能见过几个男人呢？倒还不如乖乖听从老爹的安排。老爹走过的桥，总比自己走过的路多吧！

话说到此处，有个事必须跟大伙说一下。在电视剧《大唐情史》中，高阳公主与三哥吴王李恪有过一段超越兄妹之谊的懵懂恋情。这自然极其荒诞的。李恪年长高阳公主近十岁，况他自十四岁起就在外任职，是不可能与高阳公主有过多交集的。不过，李恪后来的悲剧却也与高阳公主有不大不小的关系。这个咱们后面再谈。

高阳公主既然奉命嫁给了房遗爱，那么她的婚后生活到底过得怎样呢？当然是很糟糕的。房玄龄的优质基因遗传到房遗爱的时候冷不防地就突变了。房遗爱是个典型的“二世祖”，平日里不知学习深造，只晓得和一群纨绔子弟喝酒划拳。虽然年纪轻轻，却已经阅（女）人无数，对于天之骄女的高阳公主显然也没有表现出多大的热情来。

这下子，可把心高气傲的高阳公主给气坏了。这可跟自己想象中志同道合的美满姻缘差得太多了。失望之余，也没少给房遗爱施以冷暴力。可房遗爱偏偏也不受这闲气，乐得成日夜不归宿，在花船上和花姑娘们看雪看月亮。就这样，小夫妻俩的感情越来越坏，几乎是到了破裂的边缘。这事很快就传到了李世民的耳中。

日理万机的“天可汗”为着儿女的事情也真是操碎了心。不过，俗话说：“嫁出去的女儿，泼出去的水。”就算高阳公主是取自最优质水源地的纯天然饮用水，也是再难以收回的了。李世民再怎么宠女儿，也不可能干涉人家夫妻之间的事情。可如果真就不管不顾，他良心上也过不去，毕竟，这个女婿是他海选出来的。那怎么办呢？李世民在设计了多套方案之后，终于选中了一个最有效的办法——提高女婿的职称和福利待遇。

史书上是这么说的：“（高阳公主）有宠于太宗，故遗爱特承恩遇，与诸婿礼秩绝异。”意思是说，高阳公主的丈夫房遗爱是受了中央特殊津贴的，待遇远远超过了他的诸位连襟。李世民的用意很明显，就是为了让宝贝女儿脸上有光，让她觉得自个儿的丈夫也是个有出息的。这样，小两口不就能“夫妻双双把家还”了吗？

可惜，理想和现实终究是很难重合的，哪怕它们之间只隔了一张薄薄的餐巾纸。又得名又得利的房遗爱找了个机会向老婆表示感谢，可他那窝囊模样却还是让高阳公主觉得不自在——你有职称，是因为你有才吗？你有津贴，是因为你努力吗？全不是！人家拼爹拼娘，你拼老婆，真是个没出息的！高阳公主在心里咒骂了无数遍后，旋即扬长而去。

其实，现代有许多“白富美”也会有高阳公主这样的心理。希望自己的男人可以靠实力来赢得与自己相应的社会地位。而不是攀着岳父家的藤不劳而获，成为令路人也鄙夷的“软饭男”。有了这一层的感慨，您或许会对日后高阳公主追逐真爱的“出轨”行为多一些包容和理解。当然，咱们绝对不是鼓励这种破坏婚姻忠诚的不义行为。

【剧情重现】

因为不满于丈夫房遗爱的懦弱无能，所以高阳公主就自己出去找乐子了。其中，她最著名的一个情人就是一位名叫辩机的和尚。高阳公主对他一见倾心，当下就决定将之当成自己的入幕之宾，就是所谓的男宠。

后来这件事情闹得满城风雨，成为很多人茶余饭后的谈资。虽然那个时候公主豢养男宠并不是什么稀罕的事，但男宠是和尚就有笑点了。很快，这件事情就传到了驸马的耳中，驸马虽然也觉得很丢面子，可实在也不敢在他的公主老婆面前行使“夫权”。这样一来，反倒是高阳公主看不下去了。于是，她便找了几个漂亮姑娘来侍候老公，自己则乐得和“小鲜肉”做那苟且之事。[1]

【真相揭秘·在错误的时间遇到对的人】

在结婚后两三年的一天晌午，高阳公主和房遗爱一起率着少数几个随从去长安郊外的骊山打猎。李世民将帅出身，身经百战。作为将门虎女的高阳公主耳濡目染，也渐渐练成了一手好箭术。唐朝民风开放，对于女子的约束远远没有后来明清时期那么多。女子（尤其是贵族女子）骑马射箭在当时实在是件稀疏平常的事情。

在俘获了众多战利品后，高阳公主也觉有些乏了，便带人去了不远处的一座草庵打尖。这时的她肯定不知道，在草庵里等待她的会是一场令她刻骨铭心的艳遇。原来，草庵的主人名叫辩机，是当时长安城慈恩寺里的僧人。不熟悉唐朝历史的朋友可能会对这个名字有些陌生，但是若要说出他的师傅来，那肯定是妇孺皆知的。他就是传说中的“御弟哥哥”唐玄奘。

当然，历史上的唐玄奘并没有跟李世民“拜把子”，也不会念紧箍咒，更没有三个法力高强的弟子。贞观末年，曾经“偷渡出境”的唐玄奘带着二十匹白马、四百五十七部梵文佛经从天竺（今印度）回到长安。李世民一看，好家伙！这老和尚可了不起！于是，也就不再追究他到底有没有“护照”了。后来，在中央政府的支持以及唐玄奘的严格面试下，有十位青年佛学家被光荣地选为翻译佛经的“译经大德”。而辩机就是这其中最出色的一位。为了能够远离红尘，安心工作，辩机特意选择了这座草庵来闭关修行。

---

[1] 以上剧情来自电视剧《武则天》。

《新唐书》上是这样记载高阳公主与辩机的这次“金风玉露一相逢”的——“见而悦之，具帐其庐，与之乱”。意思很明白，高阳公主与那辩机一见倾心，然后好事就成了。因为有了这一言之凿凿的记载，所以也就成了后世人指责她“淫乱”的铁证。不过，依我私心想着，一见倾心的可能性是有的，而且估计还不小。可是，您要说她真就那么迫不及待地要与辩机行那夫妻之事，那应当还是言过其实了。

大伙都知道唐朝民风开放，但是这开放也是相对而言的，现代男女第一次见面还懂得要矜持呢。高阳公主身为皇女，不管性格如何，这么些年养成的教养和智识应该还是有的。更何况，那一次狩猎还有房遗爱在场，就算她和驸马的关系已经降到了冰点，她也不可能就在当时当地急不可耐地给驸马戴绿帽子。

等到高阳公主回府之后，想起这一令人难忘的初遇，心里着实像抹了蜂王浆一样，越想越甜。那样一个避世的居所，那样一个清俊的男人，不就是她理想中的“另一半”吗？过去她讨厌房遗爱，不过，那也只是讨厌而已，自打辩机出现后，她对房遗爱简直上升到了憎恶的地步。因为只有经过货比三家之后，才能真正确定，自己买到的还真是件水货。

所以，打这以后，高阳公主就更加迷恋打猎，而且常常一去就是几日几夜。就是在这一段时间里，高阳公主才真正和辩机展开了一场生死绝恋。可他们一个是皇帝的爱女，一个是佛门的高僧，身份是何等悬殊。不管是当时还是现在，这段恋情一旦公开在阳光底下，受到的指责与非难是可想而知的。这点，高阳公主不会不知道。可她才管不得这许多呢！人这一生能遇到几段真爱呢？一旦遇上了，就不可以轻易地放手。

可是，爱情这事是你情我愿的事情。我如果不是对你也有意，那么任凭你生得再美，对我再痴心，那便也是枉然的了。很显然，在这场不被祝福的“婚外恋”中，辩机似乎也真是对高阳公主动了真情。不然，他完全可以一口回绝，然后搬回慈恩寺的集体宿舍里去住。依着高阳公主倔强爽快的个性，即使情意再浓，想来也不会一味地去死缠烂打。

只不过，一个跳出三界外的僧人又怎么可以去动红尘之念呢？可也就只有像辩机这样的世外之人敢于承认和接受这段感情。修行并不是要泯灭你的人伦天性，而是要让你更加坦然和率直地面对自我。辩机明白这点，因而他才没有逃避自己的心。所以，尽管后世人对他有种种非议，但至少在我心目中，他仍旧不失为一个真正的得道高僧。

因为有了爱情的滋润，高阳公主的内心立马也变得阳光许多。有时候她看看房遗爱，觉得他虽然窝囊得很，可总的来说还不算太坏，继而也渐渐对他产生了一丝同情和可怜之感。尽管自己不可能成为他的那盆菜，可她可以送点菜给他，哪怕是满汉全席也可以呀！于是，她就派人找了许多个年轻漂亮的小姑娘，打包送给了房遗爱。房遗爱当然欢喜，连连谢了公主赏赐之恩后，便左拥右抱地带着她们回房去了。

这种神奇的夫妻相处模式也是前无古人的了。不过，如果没有那件事的话，说不定他们也真能够平平淡淡地过完一生。可是，就是那一件小小意外，却改变了所有人的命运，甚至间接改变了大唐帝国的命运。

【剧情重现】

为了和辩机做长久夫妻，高阳公主决定和辩机私奔。可就在约好的地方，高阳公主却看到有一伙官兵强行带走了辩机。回到宫中，李世民指责高阳公主“不守妇道”的行为丢了皇族的颜面，高阳公主却反而说李世民不为她的幸福考虑，说自己追求真爱的行为并没有错。李世民在愤恨之余，下令将辩机处以腰斩的极刑。高阳公主在苦求无果之后，和李世民断绝了父女关系。

李世民死后，高阳公主在葬礼之上没有流露出半分伤痛的神色，反而露出了大仇得报的快感。[1]

【真相揭秘·他们都没有错】

贞观二十二年的一天夜里，巡逻的“便衣民警”逮到了一个行踪可疑的人。经过了连夜的提审之后才得知，这是个偷鸡摸狗的惯犯，从他随身的包裹里还搜出了许多赃物。除了金银财宝之外，还有一个制作十分精美的玉枕。县官老爷一见，眼睛都直了，心想你小子还真会偷，所谓“黄金有价玉无价”，升值潜力巨大呀！可再仔细一看，县官老爷可是彻底地懵了，这哪里是一个普通的玉枕？那是皇家贡品啊！瞧瞧，连“防伪标志”都还在呢！

难道这小毛贼潜入了长安皇宫？县官老爷摇了摇头，料他也没有这金刚钻。在盘问之下，小偷说，这是在长安慈恩寺的一个僧人禅房里拿的。事涉皇家，又牵连到了佛门，县官老爷一下子也没辙了。在反复思量之后，他决定将这个难题抛给上级领导。可上级领导也为难啊，于是，又上报给了领导的领导。层层跃进之后，这样一个小小的盗窃案居然惊动了大理寺卿。

大理寺卿在明察暗访之后，终于得知了事情的真相。原来，这个玉枕是高阳公主赠予辩机和尚的信物。原本贵族妇人们施舍点香火钱给得道高僧，在崇尚佛教的唐代是一件功德无量的事情。但是，这香火钱可不一般。玉枕，那只能是最亲密的夫妻之间才能赠送的礼物。说得直白点就是，晚上，咱俩可是要枕着它，共同做一个美梦的哦！

对于这样严重的“桃色事件”，大理寺卿也没法下手。于是，就只好将之如实呈报给了皇帝。李世民一看，简直就像被雷公狠狠地劈了一下。

[1] 以上剧情来自电视剧《武媚娘传奇》。

要说这个闺女叛逆、任性、爱耍小性子，他承认。但是，说她勾引佛门高僧行那通奸之事，还真是超过了他所能承受的范围。可奏报上人证物证齐全，也容不得他不信。李世民赶紧先喝口凉水，等冷静下来以后再慢慢想着处理办法。

其实这种事情是可大可小的。李世民在当时也是本着大事化小的包庇态度的，他只是先命人将辩机软禁起来，又转而找了高阳公主来训话。从小顺风顺水的小姑娘哪里受得了这打击？我听了您的话，嫁给了一个我并不喜欢的男人，现在我找到真爱了，您不支持我也就罢了，反而还要活生生地棒打鸳鸯，我到底是您的亲闺女，还是不花钱白得的赠品呀？高阳公主越想越伤心，登时就说了好些伤害父女感情的难听话。

李世民虽说是千古难遇的明君，可也绝不能接受这小丫头如此非难。帝王和父亲的尊严让他不得不对此从严从重处理。辩机是一定得死的了。可这死也有很多种死法，李世民给辩机定的死法是腰斩。在当时的社会，最体面的死法就是赐你自尽，全尸下葬。接下去是砍头，一刀毙命，干脆利落。再接下来就是腰斩。同样是把人砍成两截，和砍头比起来，腰斩简直就是虐杀。大伙都知道，人的绝大部分器官都是长在腰部以上的。所以腰斩之后，人还不能马上断气，而是要在极大的痛苦之中慢慢地死去。

眼睁睁地看着自己至亲用这种残忍的手段杀了自己的至爱，高阳公主的绝望与愤恨是可想而知的。她本是个没有什么心机的纯情姑娘，只想单纯地与一个她喜欢的男人在一起，没有任何理由，也不带任何附加条件。可是，生于皇家，很多事情都是由不得她来做主的。她固然没有错，可是他的皇帝父亲更没有错。辩机是朝廷花大力气海选出来的译经大德，有关于国家的形象。现在出了这档子事，又加上高阳公主不断从旁搅和，他是办也得办，不办也得办了。

只不过，已经被爱与恨冲昏了头脑的高阳公主根本就不能去仔细辨别这些。她彻底地沦为了一个怨妇，甚至是泼妇。李世民在极度的无奈与失望中下令不准高阳公主入宫。不久以后，年仅五十岁的他便驾鹤西去了。在父亲的丧礼上，高阳公主显出了异乎寻常的冷漠。史书上一针见血地用了五个字说明——“帝崩，哭不哀”。哭而不哀，那也是件有相当难度的事情。可是，表面冷漠心中未必冷漠，脸上无哀容，内心未必就真的不伤心。只不过，她不能难过。因为这就等于承认了她的父亲是对的，继而否认了她与辩机的真爱。

自辩机死后，高阳公主的情感就进入了一大段的空窗期。您可不要天真地问，不是还有那房遗爱吗？认识辩机之前，高阳公主尚且不把他当回事，现在，就更不是个事儿了。为了怀念与辩机的这场倾世之恋，高阳公主还特地请了许多和尚道士来做法。其中，有能占卜吉凶的智勖，能招逝者魂魄的惠弘，能包治百病的李晃。高阳公主与这些方外人士过从甚密，甚至有八卦史官们斩钉截铁地说他们之间有不正当的男女关系。

确实，高阳公主在这段时间里真的是有些自甘堕落了。其实，这样一位“失足青年”如果可以得到正确的引导的话，那还不至于酿成大祸。只可惜，没有人会，也没有人敢去为她做心理辅导。到了后来，终于变成了一场自相残杀的人间悲剧。

【剧情重现】

李世民死后，高阳公主正式踏上了追逐权力之路。为了扳倒权臣长孙无忌，她急于笼络新皇帝李治喜欢的武才人。见武才人并没有“结盟”的意愿之后，她就连杀了武才人两个孩子，只是为了唤起武才人对长孙无忌、王皇后等一干人等的仇恨。谁知却被武才人得知了真相，联盟的希望再次破裂。

并不泄气的高阳公主转而想和三哥吴王李恪联手。为了扶吴王登基，高阳公主为其拟定了夺权计划，还悄悄购买了大量武器作为支援。然而，提前得知了消息的李治带着大批的护卫赶到。穷途末路的高阳公主仍在负隅顽抗，甚至孤注一掷地想要弑君，却最终被几个太监合力勒死后吊在树上。[1]

【真相揭秘·那场被利用的所谓“谋反案”】

永徽三年（652年）的一天，高阳公主急匆匆地进宫找到了皇兄李治，状告大伯子房遗直对她非礼。李治一听，脸上立马变了颜色。想那房遗直是名相之后，朝廷命官，怎么能做出如此糊涂的事情来呢？肯定是自家这不省心的妹子诬告！可这诬告的理由，李治真可就百思不得其解了。

李治不知道，这就给了后世的编剧们充分发挥想象力的机会了。这世界上并不会有无缘无故的恨。恨的根源，不就是因为爱吗？爱而不得，那就只有恨了。可事实上，高阳公主对房遗直既没有恨，更没有爱。她之所以会编出这么个拙劣的谎言，实际上是看上了房遗直世袭的银青光禄大夫的官位。房遗直犯了法，这官位自然就能给房遗爱了。一来是为了面子，二来是出于愧疚，总之，高阳公主是铆足了劲儿地想要帮助丈夫抢到这官。

这边厢，李治尚未对房遗直采取任何行动。那边厢，房遗直却得到了消息。为了打响这场自卫反击战，他决定先发制人，向当时权倾朝野的太尉长孙无忌告发了一个惊天阴谋。这个阴谋的主角除了高阳公主和房遗爱之外，还有荆王李元景、丹阳公主和驸马薛万彻、巴陵公主和驸马柴令武。阴谋的主题就是发动政变，废黜当今皇帝，改立荆王为帝。

事实上，这与其说是一场阴谋，不如说是一群不得志之人开的几次堂

[1] 以上剧情来自电视剧《武媚娘传奇》。

吉诃德般的牢骚大会。即使有不当之处，却也罪不至死。这一点，深谙权谋之道的长孙无忌自然心知肚明。可是，他的眼珠子咕噜一转，转念又一想，这可不是除掉他的一次千载难逢的机会吗？这个“他”是李世民的儿子，李治的兄长吴王李恪。

这李恪文武双全，深得人心，是名副其实的唐朝好男儿，打小也是深受父亲疼爱的，甚至一度就要被立为皇太子。不过，这个想法很快就被长孙无忌狠狠地扼杀在摇篮里。这长孙无忌不仅仅是朝中宰辅级的大腕，还是李治的亲舅舅。他的话，那是有大分量的。可是就算是这样，长孙无忌依旧还是把李恪看作是最大的潜在威胁。那是想方设法地想要治他于死地。

如今，机会来了。

既然这场阴谋已经牵涉到了七位皇亲，那么再增加一位岂不是易如反掌吗？想到此，他便立即暗示手下从房遗爱的嘴里套出那个他想要的名字。被娇生惯养着长大的房遗爱忽然间受到了这死亡威胁，早已吓得三魂去了两魂半，自然是让他说什么他就说什么。他是这么想的，我帮助长孙太尉除了这么大一块绊脚石，保命自然是没问题了，到时候，别说是一个小小的银青光禄大夫，就算是黄金青光禄大夫也一定是唾手可得的了。

可高阳公主显然并不像房遗爱那么乐观，自己和吴王无冤无仇，何必要拉着他来挡枪？既然他们的行为已经被定性为是谋反这样的群体性恶性事件，那么所有卷入其中的人就都得死。就算吴王是先帝器重和宠爱的儿子，就算房遗爱立了所谓大功，结果也不会有任何的改变。从这一点来看，高阳公主的头脑显然要比房遗爱清醒和好使得多。只可惜，一切都来不及，一切都没有用了。

永徽四年（653年）二月初二，由长孙无忌主导的这场初唐年间最大的冤案正式拉开了帷幕。想来高阳公主在组织那几次皇室间的唠嗑沙龙时，肯定没有想到结果竟会是如此。这一年，她还不到二十七岁。搁在今天，也只不过是研究生刚毕业的年纪。

高阳公主这辈子，算起来也是悲剧。倘若能让她早早遇着一个像辩机这样的男人，两个人欢欢喜喜地结婚生子，说不定千百年之后，还能成为一段历史佳话。恨不相逢未嫁时，有些事情，错过了，便真的只是错过。她一生最大的错误大概就是在错误的时间、错误的地点，爱了一个错误的人。

至于电视剧中说她残杀武才人小公主一事，那纯粹是子虚乌有的胡扯。别说小公主死于永徽五年，高阳公主根本没法下手。即使有，依着她的个性，也绝不会行此灭绝人伦之事。要不然，永徽四年的这场冤案也不会来得如此迅疾与莫名其妙。

【相关史料】

次子遗爱，尚太宗女高阳公主，拜驸马都尉，官至太府卿、散骑常侍。初，主有宠于太宗，故遗爱特承恩遇，与诸主婿礼秩绝异。主既骄恣，谋黜遗直而夺其封爵，永徽中诬告遗直无礼于己。高宗令长孙无忌鞫其事，因得公主与遗爱谋反之状。遗爱伏诛，公主赐自尽，诸子配流岭表。遗直以父功特宥之，除名为庶人。停玄龄配享。

——《旧唐书·列传第十六》

合浦公主，始封高阳。下嫁房玄龄子遗爱。主，帝所爱，故礼异它婿。主负所爱而骄。房遗直以嫡当拜银青光禄大夫，让弟遗爱，帝不许。玄龄卒，主导遗爱异赀，既而反谮之，遗直自言，帝痛让主，乃免。自是稍疏外，主怏怏。会御史劾盗，得浮屠辩机金宝神枕，自言主所赐。初，浮屠庐主之封地，会主与遗爱猎，见而悦之，具帐其庐，与之乱，更以二女子从遗爱，私饷亿计。至是，浮屠殊死，杀奴婢十余。主益望，帝崩无哀容。又浮屠智勖迎占祸福，惠弘能视鬼，道士李晃高医，皆私侍主。主使掖廷令陈玄运伺宫省禨祥，步星次。永徽中，与遗爱谋反，赐死。显庆时追赠。

…………

次子遗爱，诞率无学，有武力。尚高阳公主，为右卫将军。公主，帝所爱，故礼与它婿绝。主骄蹇，疾遗直任嫡，遗直惧，让爵，帝不许。主稍失爱，意怏怏。与浮屠辩机乱，帝怒，斩浮屠，杀奴婢数十人，主怨望，帝崩，哭不哀。高宗时，出遗直汴州刺史，遗爱房州刺史。主又诬遗直罪，帝敕长孙无忌鞫治，乃得主与遗爱反状，遗爱伏诛，主赐死。遗直以先勋免，贬铜陵尉。诏停配享。

——《新唐书·列传第八》

恪又有文武才，太宗常称其类己。既名望素高，甚为物情所向。长孙无忌既辅立高宗，深所忌嫉。永徽中，会房遗爱谋反，遂因事诛恪，以绝众望，海内冤之。

——《旧唐书·列传·卷二十六》

11. 憋屈人生其实很彪悍

——“圣母”太平公主真面目

【个人简历】

姓名：李氏（一说名李令月，待考）

职称：镇国公主

民族：汉

籍贯：长安（西安）

颜值：“方额广颐”的端庄御姐

特长：政变策划

父亲：李治

母亲：则天顺圣皇后武氏

配偶：薛绍、武攸暨

子：薛崇训、薛崇简、武崇敏、武崇行、万泉县主、永和县主

女：两人（名不详）

签名档：彪悍人生，姐从不曾委屈了自己

大众印象：貌美如花、心地善良的“白富美”女神。勇敢追爱，却遇人不淑，一生情路坎坷。

参演剧目：《武则天》《大明宫词》《太平公主秘史》等。

【剧情重现】

上元灯节，十四五岁的太平公主在长安城的朱雀大街上，揭开了来人戴着的昆仑奴面具，面具下的男子长着一张能魅惑众生的脸。

情窦初开的太平公主对这个俊朗的陌生男子一见倾心，并且大胆地请求“二圣”将自己许配于他做妻子。新婚当夜，太平公主独守空闺，那个温润如玉的驸马薛绍对她冷漠至极。可自己选择的路，再难也得走下去。于是，她学着用一颗单纯而忠诚的心去感动驸马，希望可以换来一丝回报。

时间一长，驸马的心门渐渐为她打开，并且告知了她事情的真相。原来在很多年前，他早已有了个青梅竹马的妻子，却因为公主的错爱而丧命。故事的最后，驸马虽然爱上了美丽善良的太平公主，却因为“烈夫不爱二女”迂腐思想而自尽。于是，太平公主就第一次成了寡妇。[1]

【真相揭秘·初恋真的很心酸】

笔者在搬小板凳跟大伙聊下面这些话之前，先偷偷地拿了纸巾把眼角的泪水擦干净。因为笔者在小的时候也曾被男女主角的凄美爱情打动，就算如今回想起来，鼻尖还是忍不住发酸。可是，酸过以后，就会忍不住慨叹一句：历史根本就不是这么回事。

太平公主八岁的时候，吐蕃赞普派使者前来向天皇李治求亲。赞普觉得，若能做上大唐帝国的女婿，将来在诸部落面前不就能把头昂得高高的了吗？虽然公主年纪还小，那不打紧。咱先预定着，等成年以后完婚也来得及。可武天后不干了，我这娇滴滴的女儿怎么能嫁到你那蛮荒之地呢？

不过，外交关系的重要性武天后也知道，咱拒绝也得拒绝得含蓄些呀！刚巧，那时正赶上武老太太过世，武天后就顺势对使者说，公主为了给外祖母守灵祈福，已经出家为道。您总不会打出家人的主意吧！使者一听此话，也只得悻悻离去。

这假道士一做，就是很多年。直到大唐永隆元年的一天，一身武将

---

[1] 以上剧情选自2000版电视剧《大明宫词》。

打扮的太平公主手握长剑，在大殿上翩翩起舞。这剑舞和咱今天看到的广场舞大妈们的剑舞可不一样。大妈们为了强身健体，所以动作讲究的是轻盈、缓慢、柔美。而太平公主出剑迅速，招招是明快、精准、实用，俨然是一个百战百胜的真将士。

陛阶之上的天皇哈哈大笑，看着爱女红扑扑的小脸蛋，恨不得打着节拍唱歌，“你是我的小呀小苹果”。可还没等他开口，旁边坐着的天后武娘娘就首先打趣道：“闺女，你又不做武官，为啥要打扮成这样呀？”太平公主嫣然一笑，说道：“那您就赶紧把这套衣服赐给驸马吧！”

原来，小姑娘这是恨嫁了呀！天皇天后恍然大悟地掐指一算，哦！算起来，咱这宝贝女儿也已经16岁了，是该找个婆家了。虽说皇帝的女儿不愁嫁，可若真成了大龄剩女，那选择驸马的余地可也要窄许多。

公主征婚，可不像咱现在一样，在晚报的中缝贴一张征婚启事，或是在人民公园的相亲角举个牌牌就好了。那是要经过全国的层层海选才能得到最后的面试机会的，比考公务员还严格得多呢！经过几个月的选拔，天皇天后终于选定了一个美少年——薛绍。

人名总算是对上了，可您先别高兴得太早。这年头，连接电视剧和历史的，也就只剩下人名而已了。这个薛绍，既不是太平公主在朱雀大街上的艳遇，也不是丧偶的“二婚男”，更不是一根筋的“汤姆苏”，而是个真正的贵族。贵到什么程度呢？他的亲爹爹娶了天皇的亲妹妹。换句话说，薛绍是太平公主的亲表兄。

如此近的亲戚关系，咱有理由相信，这小兄妹俩小时候是见过面的。虽然不一定是所谓青梅竹马，但一提到薛绍的名字，太平公主的脑海里应当还有所印象。那到底是留着长鼻涕的邋遢鬼，还是特立独行的傲娇男呢？恐怕只有太平公主心里知道了。

驸马人选既定，接下来就是要举行婚礼了。太平公主是武天后唯一的女儿——至于她前头那个不知道是病死还是被人害死的姐姐安定公主，咱以后可以再慢慢讨论——她的结婚排场之大令人望尘莫及。

大礼那天晚上，长安城万年县馆张灯结彩，照明的火光将沿途的花草树木都烤焦了。作为一个坚定的环保主义者，笔者对此深感痛惜。高大华丽的婚车所到之处，引得当得百姓争相观赏，就像如今的小年轻追求“长腿欧巴”一样疯狂。婚车经行至万年县馆的城门，“驾驶员”大叔突然拉下了刹车，望着车队长官，挠挠头道：“老大，城门太窄，咱过不去了。”

车队长也有些犯难，怎么办呢？有困难，找领导。没过多久，长安“市长”就吩咐手下快马送来了批文，上头就一个字：拆！城门拆了可以再建，可若耽误了公主殿下的好时辰，咱这些人可都得要被流放到岭南放羊去。

经过了这劳民伤财的一系列折腾，太平公主终于顺利地成为薛家的儿媳妇。年轻的薛驸马对这么个如花似玉的小表妹，真是怎么爱她都不嫌多。他不可能，也不敢像电视剧里那样对她实行所谓的“冷暴力”。

尽管太平公主后来的私生活多姿多彩，但在和薛绍的婚姻存续期间，至少从史料上，我们无法找到她有任何出轨的记录，相反，还相当幸福。两人结婚七年，共生育了四个孩子，生育频率还是挺高的。当然，您也大可不以为然地说生育与感情并没有什么直接关系。

可不管是好是坏，太平公主与薛绍的婚姻还是结束在了第七个年头。不过，这“七年之痒”之所以跨不过去的原因和小两口都没什么关系，而是和薛绍的长兄，太平公主的大表哥薛顗有关。那个时候，武天后势力强大，李姓皇族一看，咱们高祖太宗打下的天下就要改了颜色了。不行！得赶紧夺权！

薛大表哥作为一个有理想、有抱负的“愤青”，当时就跟着琅琊王李冲秘密筹划兵变。可就凭那几个血气方刚的小年轻，怎么能跟老谋深算的武天后比呢？结局是显而易见的。李冲兵变流产，薛大表哥被牵连致死。躺着中枪的薛绍被牵连入狱，在牢里活活饿死。而此时，太平公主才刚刚诞下薛绍的幼子不久。

这真是个悲伤的故事。好好的一对小夫妻，就这样阴阳相隔了。所谓权力，还真的是一把利刃，可以毫不费力地杀人于无形。和剧中爱得如此纠结的两人相比，到底哪个才更悲催呢？这是一个见仁见智的问题。

毕竟是杀了爱女的丈夫，武天后的心里到底还是有些歉意的。有歉意，咱就得弥补不是？武天后想了一个晚上，终于想出了两件最实在的东西。第一，给公主涨工资，从原本的三百五十户食邑一跃涨到了一千两百户；第二，给公主参政议政的权力。

经过薛绍一事的太平公主，从此看淡了感情，将生活的重心转移到了对于权力的追逐上来。她的彪悍人生从此拉开了华丽丽的大幕。

【剧情重现】

失去挚爱的太平公主为了报复母亲，嫁给了“农村小伙”武攸暨[1]。朴实（土气）的武攸暨使太平公主的情感产生了一段巨大的真空期。这时，一个长相酷似薛绍的男人闯进了她的生活，他用腻人的甜言蜜语打动了她的心。以为重得真爱的太平公主万没想到这其实是个彻头彻尾的渣男。他只爱权力，为了权力，他可以和任何女人说所谓的爱情。

易之，你懂得真爱吗？

我懂，易之正是为这真爱而生的，公主！

---

[1] 《大明宫词》中作“武攸嗣”。

你说过你爱我，这是真的吗？

当然是真的，我从来就不说谎。

你带我走！我们离开这儿，这大明宫已不值得留恋，我们去洛阳，去游历天下的所有美景，总之我们离开这里，只有你和我。答应我！

公主，您还是忘不了长相守，您还是想着薛绍。[1]

【真相揭秘·二婚其实很无奈】

薛绍死后的第二年，太平公主改嫁给了武攸暨。这武攸暨是武天后的堂侄，也就是太平公主的远房表哥。虽然不是乡土青年，但武攸暨为人确实很忠厚。任老婆在政治前台干得如何风生水起，他只乖乖在家做他的“超级奶爸”。

这时的武天后已经打完了诸小怪，顺利升级成了女皇帝。作为孝顺女儿的太平公主将一件珍贵的宝物送给了母亲当贺礼。什么宝物？金银？俗气！珠宝？不稀罕！那是一个粉雕玉琢的小鲜肉，名叫张昌宗。敢情这是给老太太找老伴（男宠）来了。

长相俊美的张昌宗很快把武皇服侍得舒舒服服。不久，张昌宗又把哥哥张易之也接到了武皇身边。发迹了不忘本，嗯，这个张昌宗还算是个有良心的小哥。您瞧，张易之和薛绍可没有什么关系吧！所以，您也就不必怀疑薛绍父亲的生活作风问题了。

二张兄弟得势以后，在朝里打着武皇的旗号，公开卖官鬻爵，明码标价，童叟无欺。于是，各路土豪争相巴结二人，弄得朝里和菜市场似的。更可怕的是，二张兄弟开始挑拨李武两家关系，哭哭啼啼地跑到武皇跟前说，“陛下啊，您那个孙子，那个孙女，那个孙女婿……哎呀，他们在偷

[1] 台词来源于电视剧《大明宫词》第二十六集。

偷说我们的坏话，说要派黑衣人暗杀我们呢！我们好怕怕啊。”

武皇一听，瞬间涌出了一股母性的温暖来，赶紧派人找来了太子李显，也就是太平公主的窝囊七哥来骂了一顿，中心思想概括起来就一句话，你那三个娃把我那俩宝贝疙瘩得罪了。你自己看着办吧！李七哥吓得汗水止不住地往下流，回家就勒令那三个倒霉孩子自杀谢罪了。

简直不能忍！政治手腕已经日渐成熟的太平公主可不干了。她虽然是武家的媳妇，可更是李家的女儿。二张惹得公主生气，后果那是相当得严重的。

神龙元年（705年），太平公主与八哥相王李旦、宰相张柬之（神探狄仁杰的学生）等人发动政变，诛杀二张兄弟，逼迫武皇让位于太子李显。这时的太平公主肯定悔得肠子都紫了，早知道当年就把张昌宗留下自己享用，换些珍珠玛瑙的送给母亲。虽然俗气点吧，好歹没有那么多的麻烦事。

经过几天几夜的努力，神龙政变圆满成功。过了15年皇帝瘾的武皇退位，江湖上赫赫有名的“六味地皇丸”[1]李显李七哥登基为帝。登基伊始，“地皇丸”就封相王李旦为“安国相王”，太平公主为“镇国太平公主”。很霸气的名字是吧！就跟《西游记》里的镇元大仙似的。

其实，除却夭折的安定公主不算，在武则天的所有儿女中，最有才干的是早逝的章怀太子李贤，而最像她的就是咱这位镇国公主了。论胆识，论权谋，“地皇丸”和她绝对不是一个画风的。这点，“地皇丸”心里也明白。所以朝里一旦有什么事，他总要问问太平公主的意思。太平公主也当仁不让，给“地皇丸”提了许多建设性的意见。

---

[1] 李显本人以及他的父亲、母亲、兄长、兄弟、侄儿均为皇帝，故被戏称为“六味地皇丸”。

兄友妹恭，这不是挺好的吗？换做中国历史上任何一个朝代，那真的是挺好。可这是唐朝。什么是唐朝？文明、富裕、红妆参政。“地皇丸”有个很有野心的老婆韦氏，韦氏生了个很有野心的女儿安乐公主。这母女俩，一个想做武则天第二，一个想做武则天第三。因此，怎么看“地皇丸”怎么觉得碍眼。于是，母女俩商量一下，干脆一不做二不休地把他给毒死了。

太简单粗暴，太残忍了！生活在和平年代的咱普通人当然会这样想。可是，当时处在权力中心的她们已经完全顾不得什么人伦天性了。谁挡我的路，我就灭了谁。这就是她们的逻辑！

尽管“地皇丸”性格懦弱，但好歹也是太平公主的一母同胞。太平公主心里自然把韦氏母女恨得牙痒痒。可恨归恨，现在时候未到，咱也不能贸然行事。深谙权力之道的太平公主自然明白这一点。景龙四年（710年），太平公主与昭仪上官婉儿共同起草诏书，立温王李重茂为帝，皇后韦氏辅政，相王李旦参政。

太后、亲王互不干涉，又互相制约。太平公主这一步权宜之棋下得十分漂亮。可被权力的雾霾迷得晕头转向的韦氏母女可不干了，她们暗中联络了宰相宗楚客等人，幻想着将相王架空，把权力完全集中在自己手中。

各地特务很快就把这一爆炸性的消息通知了太平公主。太平公主拍案而起：“老虎不发威，你当我是小叮当啊！来人，把临淄王请来，咱得好好合计合计！”

临淄王李隆基，那可是真正的大牌。

【剧情重现】

先天元年（712年）临淄王登基前夜，年迈的太平公主与帅气的侄儿李隆基在帘幕下表演皮影戏。俩人时不时相视而笑，深情款款。年龄不是问题，辈分不是阻碍，具有浓重“俄狄浦斯”情结的李隆基俨然已经将太平公主当成了此生的第一女神，估计超过了后来从儿子那夺来的玉环妹妹。

我真是美若天仙吗？

是的。

我真的犯下了错误是吗？

不，您一世洁白清好，要说错误也许是您太过完美了。

不，我犯的错误是因为我太想爱了。在这世界上，没有爱，不好。而太想爱就会令你更失望。

不，姑母。您不会失望的。有我陪着您，我一辈子陪着您。您说过您不会离开我。

我不离开你。我永远和你在一起。

姑母，我懂了，您只会是我的姑母。我发誓，我会像爱我自己母亲那样爱您。[1]

就在这莎士比亚式的浪漫对话过后，当天晚上，太平公主以三尺白绫结束了自己的生命。

【真相揭秘·结局一点都不美】

这一段惊天地泣鬼神的“不伦恋”的影响是巨大的，不仅让许多纯情少男少女不断向百度询问历史的真相。而且还催生了许多大神级的同人小说。可惜，一切都不过是一场美丽的幻想罢了。

---

[1] 台词来源于电视剧《大明宫词》第二十六集。

前头咱说过，野心家韦氏和安乐公主不满朝局，暗中联系同党，打算把相王手里的权力给夺回来。江山好不容易回到了李氏皇族手中，可不能再给异姓夺走了呀！太平公主想到此，便联系了临淄王李隆基，决定先发制人。

平心而论，那个时候，太平公主与李隆基的关系确实不错，原因有二：第一是内因，经过武周革命，许多皇室宗亲被迫提前去阎王那领了年终奖，作为李氏嫡系血脉的俩人不会在这时搞内斗；第二是外因，因为他们要对付许多共同的敌人。

景龙四年（710年），太平公主、临淄王等人诛灭韦后一党，拥立相王李旦为帝。李旦登基后，增太平公主食邑为万户，立临淄王李隆基为皇太子。

各得其所，这不是很好吗？若按小说写法，作者写到这就应该收尾，准备申请稿费了。可是，历史终究是历史，比小说要复杂得多。刚开始的时候，太平公主并没有把这毛头小伙放在眼里。你姑母我吃过的盐比你吃过的饭还多，想要顺顺利利接班，不还得靠我吗？

可是，渐渐地，太平公主就觉察到危机感了。因为她发现，这小子还真是有王者之风，胆大心细，又极富有实干精神。贤臣姚崇、宋璟等都以他马首是瞻。那可如何是好？太平公主想出了一个最直接的法子——换太子，理由是，他并非嫡长子，不是皇位的法定继承人。一时间，朝廷又降级成了菜市场，两派人马在各抒己见之后，便请求李旦评定胜负。

李旦是个有名的好好先生，不出意外地，他又是两边说和。中庸之道（和稀泥）一向都是他最擅长的。一边是自己唯一的妹妹，得帮！一边是自己最能干的儿子，也得帮！所以平日里，每逢有关系到国计民生的重大决策时，李旦总要询问底下人，跟我妹子商量过没？底下人点头。李旦又问，那跟我儿子商量过没？底下人又点头。李旦听后，便笑着露出一口大白牙道，和了！该怎么办就怎么办吧！

可是，一山难容二虎。在李旦执政期间，太平公主的权力达到了史无前例的高峰。一手抓财政大权，一手抓人事任免。据史料说，太平公主家的房产不仅遍布寸土寸金的首都长安，还一直延续到巴蜀、岭南等偏远地带，在朝里有“七位宰相，五出其门”之称，意思就是七位宰相，有五位都是出自太平公主门下的小喽啰。

李旦一看妹妹行事如此彪悍，心里也有些担心。为什么？怕自己的儿子有情绪。那怎么办？李旦的脑筋转得快啊！我干脆禅位，让太子登基得了。退休之后，我也好休养休养身心，养养金鱼什么的。

很快，太平公主就通过各地情报网得知了这一劲爆消息。来不及等到“周一见”，太平公主就领着五大“常委”在李旦面前投了反对票。李旦摆摆手说，妹子啊，像这种关系到国体的事情，是实行“一票肯定”制的。你的反对无效，还是早点回去，洗洗睡吧！

延和元年（712年）8月，皇太子李隆基即皇帝位，与太平公主的争斗也到了白热化的阶段。在经过了一年多的拉锯战后，太平公主集结了小喽啰窦怀贞、萧至忠、李钦、贾膺等人，企图通过政变改立“明主”。这些可都是跟着自己多年的老同志，实战经验相当丰富，是有极大的取胜把握的。

可这一次，她对形势估计得过于乐观了。太平公主过去的对手，不管是二张也好，韦氏也罢，那都是没见过大世面的银样镴枪头。现在，她遇到的是李隆基。她有情报网，李隆基也有，而且是等级更高的双面间谍。

很快，李隆基就通过一个叫魏知古的“特务”得知了姑母的阴谋。大唐帝国又到了最危险的时候，李隆基长长地叹了口气，暗暗地在心里拟定着作战计划。不过，在表面上，他还是得装出一副可怜兮兮的样子说，哎呀，你们说，咱要是先发制人，万一真惊动了太上皇他老人家，那天下人岂不是要指着鼻子骂我不孝吗？

与皇帝心灵相通的谋臣崔日用赶紧把话头给接了过来道，什么是孝？能让天子安定才是大孝。陛下就不必再顾忌（演戏）了。李隆基一听，立刻拊掌而笑道，好好好，爱卿真乃神人也！瞧瞧这话，说得多透彻！

没有了思想包袱的李隆基终于开始作详细的战略规划了。先控制羽林军和骑兵，再诛杀太平公主的诸多手下，待太平公主成了光杆司令以后，就能来个瓮中捉鳖，大boss手到擒来。最后，咱便可以买些礼花开开心心地庆祝了。

事实证明，这一套理论的实用性极强。在明处的太平公主很快就败给了在暗处的李隆基。三十六计，溜为上计。走投无路的太平公主只好一路小跑，逃进了深山老林里。过了三天，她又从深山老林里出来回到了府里。为什么？历史没有给咱们留下什么线索。难不成是山里太冷？身娇肉贵的公主受不了寒，回来拿羽绒服的？

这当然是玩笑话。太平公主之所以会大大方方地回来，笔者私心想着，可能是她错误地估计了形势，以为她精心调教出来的手下们还可以来个绝地大逆袭。

可是，一进了府，哪里还会有出来的机会？早已埋伏在四周围的“特警”们一拥而上，将太平公主软禁了起来。虎落平阳，连哈士奇们都敢来欺负！太平公主腹诽了一顿那群八戒般的队友后，也只能乖乖地认栽了。几天后，一道死刑立即执行的判决书通过人力快递到了公主府。当晚，太平公主自尽身亡。大唐红妆时代随着一代传奇公主的死亡，终于落下了帷幕。

【相关史料】

太平公主，则天皇后所生，后爱之倾诸女。荣国夫人死，后丐主为道士，以幸冥福。仪凤中，吐蕃请主下嫁，后不欲弃之夷，乃真筑宫，如方士薰戒，以拒和亲事。久之，主衣紫袍玉带，折上巾，具纷砺，歌舞帝前。帝及后大笑曰："儿不为武官，何遽尔？"主曰："以赐驸马可乎？"帝识其意，择薛绍尚之。假万年县为婚馆，门隘不能容翟车，有司毁垣以入，自兴安门设燎相属，道樾为枯。

时宰相七人，五出主门下……先天二年，与尚书左仆射窦怀贞、侍中岑羲、中书令萧至忠崔湜、太子少保薛稷、雍州长史李晋、右散骑常侍昭文馆学士贾膺福、鸿胪卿唐晙及元楷、慈、慧范等谋废太子，使元楷、慈举羽林兵入武德殿杀太子，怀贞、羲、至忠举兵南衙为应。既有日矣，太子得其奸，召岐王、薛王、兵部尚书郭元振、将军王毛仲、殿中少监姜皎、中书侍郎王琚、吏部侍郎崔日用定策……主闻变，亡入南山，三日不出，赐死于第。

——《新唐书·列传第八·诸帝公主》

太平公主者，高宗少女也。以则天所生，特承恩宠。初，永隆年降驸马薛绍。绍，垂拱中被诬告与诸王连谋伏诛。

——《旧唐书·武攸暨传》

太平公主沉敏多权略，武后以为类己，故于诸子中独爱幸，颇得预密谋，然尚畏武后之严，未敢招权势；及诛张易之，公主有力焉。中宗之世，韦后、安乐公主皆畏之，又与太子共诛韦氏。

既屡立大功，益尊重，上常与之图议大政，每入奏事，坐语移时；或时不朝谒，则宰相就第咨之。每宰相奏事，上辄问：‘尝与太平议否？’又问：‘与三郎议否？’然后可之。三郎，谓太子也。公主所欲，上无不听，自宰相以下，进退系其一言，其余荐士骤历清显者不可胜数，权倾人主，趋附其门者如市。

——《资治通鉴·二百零九卷》

12. 身为皇帝，他不值得同情

——“千古词帝”李煜真面目

【个人简历】

姓名：李煜

职称：亲王、太子、皇帝、国主、侯

民族：汉

籍贯：金陵（南京）

性格：温和内向，敏感多疑

特长：文学

父亲：李璟

母亲：钟氏

配偶：周娥皇、小周后

子：李仲寓、李仲宣

女：无

签名档：我只要填词作赋，风花雪月

大众印象：生不逢时的一代苦命“词帝”

参演剧目：《问君能有几多愁》《赵匡胤》等

【剧情重现】

南唐年间，六皇子李从嘉（李煜）才学出众，为人温和谦逊，不满太子兄长凶残好战的性格，但又不敢当面和他顶撞，心情郁闷的他只能带着随从出宫去散心。

在一间茶馆之中，李从嘉遇见了一个名叫赵匡胤的年轻人。赵匡胤对于时局清晰的认识以及远大的政治抱负深深地打动了李从嘉。两个人一见如故，越谈越投机。

不久以后，南唐朝廷发生了一件大事，太子李弘冀突然暴毙。皇子之中李从嘉的齿序最前，因而他就成了储君的唯一人选。对于这样的“意外之喜”，李从嘉却有些高兴不起来。

这时的他已经娶了名门千金周娥皇为妻。周娥皇善音律，与李从嘉志趣相投。夫妻俩共同复原唐曲《霓裳羽衣曲》，一时被传为美谈。[1]

【真相揭秘·当皇帝这件倒霉事】

如果不是南唐皇室一件接着一件意外的发生，李煜[2]是绝对不会成为皇位继承人的。但世事就是这么的奇妙，有些人铆足了劲儿想要得到的东西，有些人偏偏不屑一顾。

李煜的父亲是南唐开国皇帝李璟。不知道是出于一种什么样的目的，在李璟登基以后，没有立自己的儿子为储君，而是立了三弟李景遂为皇太弟。据史料记载，李景遂是一位生性恬淡、有君子之风的文艺青年。文艺青年的理想总是与政治格格不入。于是，李景遂终日闷闷不乐，隔三岔五地跑到李璟面前要求辞职。李璟每一次都很严肃地告诉他：不行!

可李景遂显然并没有被这样斩钉截铁的“不行”吓着。他将自己的表字改为了“退身”。这退步抽身的意思，世人都看得明白。终于有一天，被闹得头晕眼花的李璟答应了他的请求。免了他的皇太弟职称，改封晋王，外加一大堆荣誉称号。与此同时，李璟下旨将长子李弘冀立为太子。

这位李弘冀李大哥的性格与南唐皇室不大一致，不仅喜武不喜文，而

---

[1] 以上剧情来自电视剧《问君能有几多愁》。

[2] 李煜在登基之前名李从嘉，为行文方便，故统一称其为李煜。

且性格也比较凶残暴虐，很不得李璟的喜欢。无奈，他是当时皇位的唯一合法继承人。再不喜欢也得装出些喜欢的模样。

李弘冀是个聪明人。对于这样的“不喜欢”，他自然心知肚明。他很怕突然有一天，李景遂会改变主意，又跑过来跟他抢这个储君之位。于是，一不做二不休，李弘冀想法子买通了李景遂身边的亲信，将他毒杀。拔除了心头大患的李弘冀从此却得了精神分裂症，整夜梦见叔父的魂魄前来向自己索命。很快，李弘冀就被自己给吓死了。

由于齿序在前的五位皇子皆已病逝。作为嫡长子的李煜自然而然顶替了大哥的位置，从此走上了历史的前台。其实，在此之前，曾有人婉转地向李璟谏言，说依着李煜的性格，是百分百当不了一个好皇帝的，不如让李煜的弟弟李从善当太子吧。李璟一听这话就气得跳脚，很快将这个倒霉的官员给流放了。

后来的历史证明，李煜的确是个糟透了的皇帝。虽然作为候选人的李从善也是个政治矮子。

南唐建隆二年（961年）六月，李璟驾崩，李煜登基为南唐国主。他想不通自己一个文艺青年，怎么突然变成了执掌生杀大权的国家最高领导人？然而想着想着，他就想通了，那就是不去想。

倘若他身处盛世，手下大臣再能干些，那么不去想便不去想吧。不幸的是，当时正值乱成一锅粥的五代十国时期，更不幸的是，李璟留给他的只是一个偏安一隅的小国。虽然也是以“唐”为国号，但是和彼时那个睥睨天下的超级大国实在不可同日而语。所谓李唐后裔，不过也只是那个时候司空见惯的炒作而已。

李煜登基后所做的第一件事就是给远在开封的宋朝皇帝赵匡胤发去了一份表文。先插个话吧！李煜生长于南京，赵匡胤籍贯洛阳。如此南辕北辙的两个人基本不可能有任何私交，更不可能成为情敌（这个咱们后文再聊）。李煜给赵匡胤的这份表文概括说来一共就三个意思：第一，我爹死了，现在南唐国由我当家做主；第二，从此以后，我向您纳贡称臣；第三，希望您可以保留我这一亩三分地。

平心而论，在非常时期，要保存一个在风雨飘摇中的小国百姓的性命，不得已采取这样的“绥靖政策”，也不是不可以。卧薪尝胆，三千越甲可吞吴。在乱世之中，一切皆有可能。但是李煜并没有这么深的政治见解。他之所以如此做的原因，无非是想要为自己创造一个安定的生活环境，让自己保持着文艺青年的本色，可以随心所欲地写写诗词，谈谈恋爱。

李煜的诗词成就很大，李煜的恋爱也谈得轰轰烈烈。如果他只是一个富贵公子，抑或是位闲散宗亲，或许这些“事迹”还能成为一段佳话。可他是国主。不管他愿意不愿意成为国主，也不管他有没有当国主的天赋，但他毕竟已经是了。是国主，就应该认清自己的身份，做符合他身份的事。生不逢时也好，角色错位也罢，都不是李煜在其位而不谋其政的借口。当人不能改变环境的时候，只能想法子去适应环境。这个道理，就算在现代社会，也有很多怨天尤人之人不明白。

【剧情重现】

李煜与周娥皇成婚以后，感情一直不错。只是李煜不知道，在很多年前，周娥皇和宋皇帝赵匡胤有一段旧情。在一次偶然的机会中，李煜发现了他们当年的信物。想起自己如今与赵匡胤身份已经不同，心里便觉得十分难过。

恰在此刻，李煜在宫中偶遇了一个小姑娘。小姑娘的天真和率性深深地打动着李煜。后来李煜才知道她是周娥皇的妹妹，心里不觉有些尴尬，但情根已种，早已不能回头。

李煜向周娥皇坦诚了自己对周小妹的爱意。周娥皇听后非常难过，但在母亲的劝服之下，还是同意了李煜让妹妹进宫的请求。赵匡胤对周娥皇余情难了，知道她受了委屈后，便更加坚定了要攻打南唐的决心。[1]

【真相揭秘・不合时宜的调情】

自古以来，文艺青年的身边都会有一个红袖添香的美人。李煜自然也不例外。这么多年来，围绕李煜爱情的影视及文学作品也有不少，主题无非就是想说明才子佳人两情相悦，却不能一生相守的爱情悲剧。爱情是人类永恒的主题，正能量的爱情当然应该去歌颂，可李煜的爱情显然并不值得。

李煜十四岁的时候就娶了十五岁的司徒（部长级别）周宗的长女周娥皇，两个人情投意合，日子过得比吃了蜂王浆还甜。前头说过，周娥皇不可能和赵匡胤有绯闻的原因是离得远，现在咱就说第二个原因，那就是年龄差距大。赵匡胤比周娥皇大十岁，且当时已经娶了原配妻子贺氏。所以看到像影视剧中这样强行配对的三角恋，咱们只要开怀一笑就可以了。

李煜在登基以后其实也是很忙的。不过，他不是忙着处理内政外交，而是忙着和周娥皇一起编排复古舞曲《霓裳羽衣曲》。这曲子是当年杨贵妃所做，据说极其美妙动人，只不过百年过去，曲谱早以散佚。如今这首仙乐在他们夫妻二人手里复原，李煜自然高兴。后宫之中歌舞声不绝。可传到一群忧国忧民的文臣武将耳中，自然分外刺耳。李煜也明白他们的心理，所以有时他也会“闲里偷忙”地去处理一些朝政琐事。

乾德元年（963年）十二月，李煜再次上表宋朝廷，请求免了“不名之礼”。也就是说，从这之后，宋朝廷可直接在诏书中直呼李煜的名字。这

---

[1] 以上剧情来自电视剧《问君能有几多愁》。

对于堂堂一国国主来说，实在屈辱。可在李煜看来，这些关乎国家尊严的事情和他的闲适生活相比，实在是不值得一提。

可是纵然李煜对周娥皇一往情深，“宠嬖专房”，却还是在她病重不起的时候，和她的妹妹产生了一场隐秘而香艳的婚外恋情。不过，李煜毕竟是封建君主，后世人也大可不必站在道德制高点上去指责他对于感情的背叛。可不指责的只是他的私生活，该指责的则是他分不清身份和场合的秀恩爱，或者直截了当地说是调情。

李煜在周娥皇薨逝后的第三年，立了周家妹妹为继后，史称小周后。小丫头当时只有18岁，一派天真活泼的模样，很得李煜的宠爱。李煜为她写了好多诗词，尤以《菩萨蛮》一词流传甚广：

花明月黯笼轻雾，今宵好向郎边去！衩袜步香阶，手提金缕鞋。画堂南畔见，一向偎人颤。奴为出来难，教君恣意怜。

短短几句话，就将在花前月下热恋中的男女描摹得栩栩如生。在艺术成就上不可谓不高。可惜在征战沙场的武将，以及忧国忧民的文臣看来，这个国主岂不是不知亡国恨的昏聩之人？别说彼时宋朝已经十分强大，南唐如果硬拼是鸡蛋碰石头之类的话，很多时候，重要的不是结果，也不是个人能力，而是态度。作为一个掌握着国家大政方针决策权的领导人，态度就显得尤为重要。

朝内一位名叫潘佑的大臣实在看不过眼李煜只知奢靡享乐、谈情说爱的行为，便趁着他举行“文学嘉年华会”的时候，大笔一挥，写下了这样几句诗句：

楼上春寒山四面，桃李不须夸烂漫，已输了春风一半。

意思是说，您要认清如今的时局，不要像桃李一样自鸣得意，殊不知春天已过去了一半，您也只剩下这半壁江山了。以后要怎么办，您还是自个掂量着办吧。

李煜是何等聪明之人，当然不会看不出其中所含的意思，于是脸上不免也有些讪讪的。不过很快，他就又恢复了如常神色，重重嘉奖了潘佑的讽谏。然后，屡教不改。

可潘佑为的并不是所谓忠直的名声，而是真想让李煜振作起来，保留一个主权国家的尊严，他可不想当亡国奴。于是，潘佑一连上了七道奏书，言辞激烈地将朝里的投降派全给骂了一通，结果无一不石沉大海。到了第八道奏书的时候，潘佑终于不再指桑骂槐，而是将矛头直指李煜，说其听信谗言，只知沉湎于声色犬马，简直就是当代版的桀纣之君。

这份奏书，彻底地激起了李煜的怒火。此时，他倒真像一个君主一般要维护自己不可侵犯的王权，立马下令将潘佑抓来关进大牢。这潘佑也是个有气性的人。士可杀不可辱，于是索性就抹脖子自杀了。潘佑的好友，武将韩熙载素来与李煜政见不合，因而深受忌惮，不免有些兔死狐悲之感，只得大门不出，伪装成沉湎酒色以避祸。

就这样，唠唠叨叨的主战派们终于土崩瓦解。想到从此就可以很愉快地和他喜欢的姑娘过着风花雪月的神仙生活，李煜就觉得心情十分酣畅淋漓，至于未来会是什么样子，他也懒得去废这个脑子想，船到桥头自然直嘛！李煜把一千年后鲁迅说的“阿Q精神”贯彻得淋漓尽致，殊不知卧榻之上不容他人酣睡，李煜的好日子很快就要过到头了。

【剧情重现】

宋朝军队攻临南唐首都金陵，李煜一见败局已定，便决定与金陵共存亡。小周后让后宫嫔妃能走则走，以免受到池鱼之殃。后宫诸人念及李煜昔时之恩，都自愿留下来。正当李煜要与小周后一起以身殉国之时，谋臣们却跪请他为了金陵百姓出城投降。李煜想了片刻，只好含泪答应了。

于是，李煜君臣都被俘虏到了开封。在宋宫崇元殿内，赵匡胤封李煜为“违命侯”，极尽羞辱。李煜却不卑不亢地指责赵匡胤工于权谋，心机深沉。当日，赵匡胤下旨召见小周后入宫。李煜心中十分愤懑，怒斥赵匡胤卑劣，称不如赐他毒酒一杯了事。

赵匡胤死后，李煜因做了一首《虞美人》，被指思念故国而获罪。宋太宗赵光义遂以牵机药毒杀李煜。[1]

【真相揭秘·自断臂膀的作死】

北宋开宝四年（971年），李煜又向宋朝廷送去了一封国书，主动请求去唐国号，只自称为“江南国主”。从此，李煜的朝廷就真的只剩下一个空架子了。

不久以后，李煜又派了他的弟弟李从善带了一堆价值连城的贡品前往开封，朝见宋皇帝赵匡胤。赵匡胤一见李从善那个唯唯诺诺的样子，想起他那个同样唯唯诺诺的兄长，心中不禁满意地开出了花。

有一天，赵匡胤热情地邀请李从善进宫做客。一番寒暄之后，赵匡胤指着墙上的一幅画像道：“郑王知道这画的是谁吗？”李从善定睛一瞧，不由脱口而出：“这不是林仁肇林大将军吗？”赵匡胤笑道：“可不是？过几天他就要来投降咱们大宋了。”

这林仁肇是南唐最有名的战将，也是令宋朝廷唯一忌惮之人，直逼得赵匡胤要兵行险招，想用这样拙劣的反间计将他除去。可事实证明，对付李从善，这样的计谋已经绰绰有余了。

出宫后的李从善立刻派了心腹将这个晴天霹雳的消息告诉了李煜。李煜半信半疑，却在朝中一些只知纸上谈兵的草包们的怂恿之下，让人给林仁肇送去了一壶毒酒。一代忠义之士，结局相当悲惨。

---

[1] 以上剧情来自电视剧《问君能有几多愁》。

眼见心腹大患已除，赵匡胤终于长长地舒出了一口气。虽然作为一代枭雄，赵匡胤是绝对不会害怕林仁肇的，大不了多花一年半载的时间和他周旋也就是了。可这样未免太耗人力物力，打仗也得考虑性价比是不是呀？如今看来，因为李煜的蠢，赵匡胤算是捡了个大便宜了。何时彻底灭亡南唐，看的无非只是他的心情罢了。

开宝七年（974年），宋军大举进攻金陵，并且很快就兵临城下。此时此刻的李煜似乎才真正意识到了一个残酷的现实——自己快活任性的生活，甚至他的生命也即将结束。就算他再卑躬屈膝，宋朝廷也不会容忍在自己的国土上还保留着这样一个哪怕是名义上的主权国家。可他真的舍不得这一切。所以自始至终，李煜都没有像影视剧中那样表现出要殉国的意思。当然，没有人规定亡国之君一定要那么做。留得青山在，不愁没柴烧。现代人更应该懂得生命至上的意义。不管在何种恶劣的情况下都应该记住，活着总是最重要的。

于是，李煜便向宋朝下了投降书，江南灭国，李煜及宫中女眷被押解进开封城。赵匡胤行伍出身，对李煜这样的文化人倒还比较尊重，也并没有表现出过分的苛待来。尽管他封给李煜的那个“违命侯”的爵位是难听了一点，可好歹也是个侯，基本生活并没有问题，至少温饱是可以解决的。

然而，这样的生活持续了还不到九个月，就因为一件事情的发生而彻底改变了。这就是宋初最有名的“斧声烛影”疑案。这事比较复杂，咱们可以另挑时间再聊。现在只需要记住结果，赵匡胤驾崩，弟弟赵光义继位便可以了。

和赵匡胤相反，赵光义相当看不起像李煜这种啥真本事没有，只知道填词作曲的文人。因此他很快就下旨将发放给李煜的一切吃穿用度减半再减半，与此同时，他还频繁地召见李煜的妻子小周后入宫伴驾。这自是比较婉转的说法，入宫做什么，大伙心里应该都明白。对于一个男人，一个曾经做过国主的有尊严的男人，这显然已经是奇耻大辱了。小周后每次从宫里回来，都会难过地向李煜哭诉，可李煜又能怎么办呢？人为刀俎我为鱼肉，他所能做的，除了静静地等待着命运最后的判决，就是通过作词还排解心中的郁闷。

太平兴国三年（978年）七夕，也就是李煜生日那天，赵光义给了他一杯毒酒当礼物。

无言独上西楼，月如钩。寂寞梧桐深院锁清秋。剪不断，理还乱，是离愁。别是一般滋味在心头。

帘外雨潺潺，春意阑珊。罗衾不耐五更寒。梦里不知身是客，一晌贪欢。独自莫凭栏，无限江山，别时容易见时难。流水落花春去也，天上人间。

春花秋月何时了，往事知多少？小楼昨夜又东风，故国不堪回首月明中。雕栏玉砌应犹在，只是朱颜改。问君能有几多愁？恰似一江春水向东流。

在生命最后的那些日子里，李煜写下了许多悲悲戚戚的诗词，成就了所谓“千古词帝”，也引得后世人无限同情唏嘘。然而，可怜之人必有可恨之处。凡事有因才有果。身为君王，他所承受的这一切，终究是他咎由自取。

【相关史料】

从嘉广颡丰颊骈齿，一目重瞳子。文献太子恶其有奇表，从嘉避祸，惟覃思经籍。

…………

会弘冀卒，后主以母弟当立，而谟与元宗爱子从善同使周，相与亲厚，乃言后主器轻志放，无人君之度，因盛称从善才，不知元宗建储之意已决，更以此忤旨，乃暴其交结张峦等罪，贬国子司业，又贬著作佐郎，安置饶州。

…………

故唐盛时霓裳羽衣，最为大曲，乱离之后，绝不复传，后（周娥皇）得残谱以琵琶奏之，于是开元天宝之遗音复传于世。

…………

后主国后周氏，昭惠后妹也，昭惠卒，未几，后主居圣尊后丧，故中宫久虚，开宝元年，始议立后为继室，命太常博士陈致雍，考古今沿革，草具婚礼，又命学士徐铉，史官潘佑参定，文安郡公徐游评其异同，游多是佑议，遂施用之。

——《南唐书·卷三》

仁肇素起家行伍，虽任将帅，恒与士卒均食同服，以故多得士心。又与皇甫继勋、朱令赟辈不协，因构仁肇求援宋朝，欲自王江西。而宋太祖忌仁肇名，亦赂其侍者，窃取仁肇像悬别室。时南楚国公从善质于汴，引从善观之，曰："仁肇行且降，先持此为信耳。"又指空馆曰："将以此赐仁肇。"后主闻之，不知其行间也，潜使人鸩仁肇，翼日卒。

——《十国春秋·林仁肇传》

13. 她其实是个称职的好继母

——“奸后”刘娥真面目

【个人简历】

姓名：刘娥

职称：美人、修仪、德妃、皇后、皇太后

民族：汉

籍贯：太原

性格：忍辱负重、坚强专一

特长：击鼓、史学、理政

父亲：刘通

母亲：庞氏

配偶：龚美、赵恒

子：赵祯（养子）

女：无

签名档：没换过狸猫，没害过妃嫔，我的一生光明磊落

大众印象：狡猾奸诈、妒心深重的坏女人

参演剧目：《包青天》《少年包青天》《狸猫换太子传奇》等

【剧情重现】

宋朝真宗年间，赵恒在要不要亲征辽国的问题上犹豫不决。正在此时，随行队伍中一个名唤李玉的女子越众而出，慷慨陈词，令赵恒大为震动，立刻决意要御驾亲征。

赵恒非常喜欢这位才貌双全的姑娘。在宰相寇准的撮合之下，赵恒迎接李玉入宫。这一举动可让德妃刘娥气坏了。她趁着李玉名分未定之时派人将她劫走，想要把她扔进河里淹死。谁知李玉命不该绝，被人救下。

一击不成的刘娥大怒，心绪平静之后，刘娥便将知道此事的人全部灭口。同时，她改换了策略，和李玉以姊妹相称，假装很亲厚的样子，可暗地里却没有放弃将李玉除之而后快的心。赵恒虽然十分恼恨刘娥的行为，但始终没能狠下决心处置刘娥。[1]

【真相揭秘·真爱是经得起考验的】

咱们现代有很多姑娘都宣称要嫁给爱情。可要在茫茫人海之中寻觅真爱的难度系数其实是很高的。若要在古时候，这个系数恐怕还要再加上十次方，但即使再难，也还是有机会找到的。比如，宋真宗赵恒和击鼓姑娘刘娥的故事。

一个狸猫换太子的故事，让刘娥彻底地变成了奸后的典型。可事实上，刘娥与赵恒的故事是非常传奇，也非常感人的。刘娥出生后没多久，父亲就过世了。母亲庞氏带着她投靠了娘家。眼看着泼出去的水又泼回来了，庞家人自然不会给这娘俩好颜色看。在刘娥十三岁的时候，就由长辈做主，将她嫁给了一个名叫龚美的银匠。

手艺人在当时的社会地位是很低下的，更何况，刘娥做的还只是龚美的妾。至于为什么低收入者龚美娶了妻后还要纳妾呢？这我也不知道。现在已知的是，龚美很喜欢这个容貌出众的小妾，而龚美的妻子却很不喜欢她。没法子，龚美只好带着刘娥一起去了京都汴京。

虽然京都的房价高，消费水平高，但龚美工作勤奋努力，刘娥身怀一手击鼓的绝技，常常出去表演挣钱，小两口的日子过得也还算凑合。然

[1] 剧情来自电视剧《狸猫换太子传奇》。

而，不久以后，一个人的出现却彻底地改变了刘娥后半生的命运。

这个人是襄王府的指挥使张耆。因为素来与龚美交好，便告诉了他一个劲爆的消息，他刚刚接受了一个艰巨的任务——去民间找寻个长得漂亮、出身清白的女子进王府做襄王的侍妾。说者无心，听者有意。龚美回去和刘娥商量过后，就决定走这位张指挥的后门，送刘娥去王府面试。

说是商量，其实还是龚美一个人说了算。由此看来，龚美也实在不是一个可以托付终身的好丈夫。出乎所有人意料的是，襄王赵恒对刘娥一见钟情，爱如珍宝。爱到什么程度呢？连赵恒的奶娘都看不下去了，说这个卖艺的丫头出身实在过于低贱，即使当个侍妾也不成，殿下为了自己的前途着想，也真的不应该再迷恋她了，赶紧给她些银子，打发她走得了。

可彼时的赵恒正值情窦初开的年纪，刘娥对他又是百般温柔，千般体贴，自己是怎么也离不开她了。所以，他很坚决地拒绝了奶娘的提议。奶娘怒了，没过几天就越了N级来到了皇帝面前告状。皇帝也怒了，咱们赵家这天下可是马背上得来的，子孙竟然迷恋一个下九流卖艺的，成何体统啊！于是，他当即就下了两道旨意，一是把刘娥逐出王府，任她自生自灭；二是为赵恒娶了一个真正配得上他的世家女子。

皇帝的想法很务实。赵恒喜欢刘娥，不过是看上了她的姿色，现在他把刘娥赶走，把另一个同时兼具美貌与才情的女子送到她的身边，想也知道赵恒会做出怎样的选择。可皇帝偏偏就失算了，赵恒完全不按套路出牌。虽然娶了王妃，但他还是会在百忙之中，偷偷抽出空去与刘娥相会。每每相见，两个人都会抱头痛哭，说些今生今世只爱你一个人的情话。刘娥那时想来也是十分喜欢赵恒的。毕竟，一个皇子能冒着抗旨不遵的罪名，这样怜惜你，疼爱你，就算是铁石心肠的人也会感动的不是？

如此，这对苦命鸳鸯的地下情一谈就谈了十五年。十五年，将刘娥从一个十几岁的俏姑娘熬成了一个满脸沧桑的中年妇人。好在，赵恒对她的爱依然如初。 至道三年（997年），赵恒即皇帝位。等到处理完公事，他第一个想到的就是将自己最钟爱的刘娥接进皇宫。

刘娥进了宋朝后宫以后，就得了一个“美人”的封号。在当时，除了中宫郭皇后以外，也就是这位刘美人的位分最高了。更何况，赵恒在短短几年之内，又先后加封她为修仪和德妃。那时候很多人都不明白，刘娥都三十多岁了，凭什么？年少的时候，赵恒喜欢她，可能真的只是因为她长得好看，后来，是因为他们真正走进了彼此的内心，他们深深理解并且充分懂得对方。再后来，刘娥为了能与赵恒相配，拼命去看书、写字、画画，直到把自己也蜕变成了一个大家闺秀。

这样的女子，简直就是古代励志女主的典范，和电视剧中那个凶巴巴、满肚子诡计的刘妃显然并没有什么关系。

【剧情重现】

宋朝宫廷中，深受皇帝喜欢的李妃和刘妃都怀上了身孕。皇帝下旨，如果谁先生下儿子，就立这孩子为太子。几个月后，李妃临产，所生的却是一只狸猫。皇帝以为她是妖孽，当下便将她打入冷宫。

又过了些时日，刘妃也生下了一个儿子，皇帝大喜，宣旨将他立为太子。不久，又将刘妃立为皇后。原来这一切都是刘妃的阴谋，正是她将李妃所生的真太子送出皇宫，派人秘密溺杀。可是谁知没过几年，刘妃的儿子因病过世。膝下无子的皇帝无奈之下只好下令在皇族之中海选太子，最终选中的是弟弟赵德芳的儿子。这个孩子，就是当年李妃生下的孩子，也就是后来大名鼎鼎的宋仁宗赵祯。[1]

---

[1] 以上剧情来自电视剧《包青天》。

【真相揭秘·不过是借腹生子的套路】

接下来要上演的就是著名的狸猫换太子选段了。这一次，历史输给了戏剧。因为事实的真相其实很无趣。

宋朝景德四年（1007年），赵恒的皇后郭氏薨逝。说到这郭皇后，也是个可怜人。赵恒的心摆明了是不在她的身上，不过对于深宫里的女人来说，爱情只是一件可遇而不可求的奢侈品而已，孩子才是她未来的所有依靠。郭皇后曾经生过三个儿子，可惜到了最后，没有一个可以活下来的。这可能和当时医疗水平低下有关系，您可不要随随便便又勾勒出一幕宫斗大戏了。

赵恒眼见皇后的位子空出来了，想着这次一定要让自己的真爱刘娥刘德妃继任。可他刚刚试探性地将这个提议说出来，就遭到了大部分朝臣的反对。反对的理由可真不少，不过关键的就两条：第一，刘娥出身太低；第二，刘娥没有儿子。

可赵恒觉得这都不是事儿。出身低？咱就给她编造一个好家世。于是转眼之间，刘娥就成了后汉右骁卫大将军刘延庆的孙女，宋朝指挥使刘通的女儿，可谓身份贵重。至于人家刘延庆和刘通愿不愿意，那就不是赵恒考虑的事了。没有儿子？咱借一个儿子就得了。于是，赵恒就找了刘娥身边的宫女李氏当代孕妈妈，也就是狸猫换太子中那个倒霉的玉宸宫李妃。

在李姑娘怀孕三四个月的时候，赵恒就很愉快地向大伙宣布，刘德妃有喜了，我又要当爹了。虽然明眼人都看得出这其中有猫腻，可谁又能跟皇帝对着干呢？后来李姑娘十月怀胎，为赵恒生下了一个大胖小子。这下，终于有理由堵上那群反对立刘娥为后的人的嘴巴了。于是，等皇子满两岁的时候，刘娥就成了名正言顺的大宋皇后。这一年，她四十四岁。

从一个街头卖艺的丫头到母仪天下的国母，这段路走得有多艰险，恐怕只有她自己知道了。可贵的是，刘娥并没有因此而自我膨胀，更不曾想过要报复那些看不起自己的人，而是兢兢业业地做好赵恒的贤内助。赵恒后来身体一直不大好，刘娥就帮着他处理一些国家大事，倒也处理得井井有条。

说到此处，不知道您是不是也觉得这场景似曾相识。当年唐高宗和武则天的相处模式不就是这样的吗？可是这里面还是有本质差别的。李治和武则天虽说也有感情基础，可后来他也没闲着，一会儿跟大姨姐谈恋爱，一会儿跟小外甥女搞暧昧。武则天作为一代女强人，当然受不得丈夫的出轨。于是，她就悄无声息地将一个又一个情敌给处理干净了。

而刘娥却不这么干，因为她相信自己在赵恒心目中的地位是无可取代的。有了这样的自信，刘娥也就能够善待赵恒身边的其他女人了。那时候和刘娥最要好的是一位姓杨的妃嫔。因为刘娥要经常陪在赵恒身边，所以就由这位杨妃照顾小皇子赵祯。后来赵祯当了皇帝之后，喊刘娥为“大娘娘”，喊杨妃为“小娘娘”。可见这姊妹俩的感情那是真不错。

肯定有人会问起那位代孕妈妈李姑娘。按照当时一般贵妇人的想法，你既然已经帮我完成了生子的任务，那么我就给你一笔钱，让你走得远远的，从此不要在我面前出现。或者干脆一不做二不休，把你给“咔嚓”了，这不永远不会有人知道这个秘密了吗？戏曲里的刘妃确实是这样做的，而历史上的刘娥却没有选择这其中的任何一条，而是将李姑娘留在宫中，好吃好喝地供应着，而且还会时不时地提醒赵恒多去看望她。

所以后来，李姑娘又为赵恒生下了一个女儿，只可惜这位小公主很快就夭折了。不过赵恒还是给了她一个才人的名分，尽管位分不高，但好歹也是进了正式的嫔妃编制，李才人的心里对刘娥充满了感激。

李才人一直活到了赵祯继位。在她病重的时候，刘娥授意赵祯下旨擢升她为宸妃，希望她能够高兴些，一高兴，说不定病就好了呢。可李宸妃到底还是没有这个福分，在受封当日就魂归西去了。李宸妃的丧仪是按一品夫人的规格办的。据说，在入葬的时候，刘娥还命人给她穿上了皇后的礼服。此外，刘娥还起用了李宸妃的弟弟为殿前都指挥使。这样的安排，真可谓仁至义尽了。

如此说来，赵恒的后宫还真的没能掀起什么波澜。那为什么所有戏曲和影视剧都会乐此不疲地传诵这个故事呢？大概因为这个故事的蓝本是明朝人创作的。明朝的后宫可是很热闹的。明宪宗专宠比他年长十七岁的贵妃万氏。万贵妃作为“后宫计生委委员长”，专门负责有孕嫔妃的堕胎事宜。可百密一疏，最后还是让一个低级宫女纪氏偷偷生下了小皇子。在各路“神仙”的庇护下，小皇子不仅避开万贵妃的耳目活了下来，还成了明朝第九任皇帝孝宗朱佑樘。

瞧瞧，这跟“狸猫换太子”的故事是不是有几分相像呀？

【剧情重现】

包公在一次出巡的路上遇见一个瞎眼老太太拦轿喊冤，包公将老太太带回府中，详细询问事情缘由。老太太自称是先帝的李妃，当今天子生母，因躲避奸妃刘氏的陷害，流落民间二十载。

包公听罢后大惊，却因此事事关重大，因而将李妃留在府内，对外只称是自己老家的亲戚。回京以后，包公在某一次宴会之时，带李妃进宫与皇帝赵祯母子相见，并向其详细讲述了二十多年前的那一桩冤案。皇帝听后将信将疑，遂命包公暗中调查。

包公找到了当年救李妃出宫的陈琳、寇珠等人作证，并且设计叫策划阴谋的太监郭槐开口认罪。真相大白之后，郭槐被诛，刘太后自尽身亡。皇帝于是将李妃接入宫中奉为太后，命包公为宰相。[1]

---

[1] 以上剧情来自电视剧《包青天》。

【真相揭秘·女政治家的智慧】

宋朝乾兴元年（1022年），赵恒驾崩，遗诏命十一岁的太子赵祯即位，并将军国大事交给了刘娥处置，这就等于让刘娥代行皇帝职权。

一般而言，拥有这样权力的女人往往会迷失自己的本心，然后做出些伤害母子感情的事来，就像吕雉之于汉惠帝，武则天之于唐中宗。他们还是亲母子呢！而没有血缘关系的刘娥和赵祯，能和平相处吗？历史会很肯定地告诉您，能！

刘娥主政以后的第一件事就是改组领导班子。一朝天子一朝臣，新皇登基，当然要培植其自己的势力。这其实是很正常的一件事情。当时刘娥主要扶持的是两个人，一个是钱惟演，一个是丁谓。咱先谈钱惟演，他那两句著名的“绿杨芳草几时休？泪眼愁肠先已断”的词句可是咱在中学时候就学过的。有趣的是，他的妹夫正是刘娥的前夫龚美。刘娥跟了赵恒之后，龚美就假称是她的兄长，改名刘美，对两代帝王都忠心耿耿。

再说丁谓，看过相关电视剧的朋友可能都知道，丁谓那可是个大大的奸臣。刘娥重用丁谓，没得说，也是个大大的奸后。可是这其中是有问题的。丁谓的人品的确不怎么样，为了权位，他很努力地排除和他关系不好的同事。为了讨好皇帝，他可谓是无所不用其极。然而，他也真是有才干，可以毫不夸张地说，是个会干事的能吏，尤其在经济方面很有头脑。当时朝廷的粮食税起征点各不相同，瞒报漏报的情况也时有发生。是丁谓根据各地的经济状况，仔细地制定出了一揽子的税收标准，百姓们无不拍手称快。

刘娥在赵祯登基伊始重用丁谓，看上的无非也就是想要靠着丁谓的才干来帮他们这孤儿寡母稳定朝纲。事实证明，丁谓办事果然十分的漂亮。可几年过去，朝野对于丁谓不满的声音越来越多。刘娥一看，丁谓的剩余价值利用得也差不多了，如果再对于他的不法行为听之任之，那太后和皇帝的威严恐怕就要大打折扣了。此时动手，刚刚好。

压垮大老虎最后一根稻草的是一个名叫雷允恭的太监。雷太监因为犯了盗窃罪而被有关部门批准逮捕。为了给自己争取宽大处理的机会，雷太监立马就选择了坦白从宽，不仅将自己的非法所得一一上交国库，还牵扯出了一件大案，那就是当年丁谓买通他在先帝面前尽谗言，诬告宰相寇准，最终导致寇准被流放，身死他乡。其实寇准这事儿说起来有些复杂，能够让皇帝下决心贬谪宰相的原因也不是因为他雷太监三言两语的挑拨。不过，自古以来就是为尊者讳。皇帝总是没错的，就算错了，也是底下人挑拨的。

刘娥听到雷太监牵扯出了丁谓，那可太高兴了，简直是想睡觉就有人送枕头。于是，她就让人顺着雷太监这条藤一直往下查，果然摸到了一个又一个大瓜。刘娥收到了丁谓的“起诉书”后，立刻就将其宣告给了众朝臣听，当下就判了他一个流放之罪。鸟尽弓藏，兔死狗烹，对于忠臣而言当然是不公平，甚至残忍的，但对于像丁谓这种有才无德的人来说，只能说是政治家的一种高超的御人智慧了。

说起御人，刘娥当时还做过一件特别不“厚道”的事情。在一次非正式的会议上，刘娥对参会的各位官员说，朝廷正值用人之际，你们作为股肱之臣，子孙自该享受国家公务员免试待遇。这样吧，你们把家里孩子的名字写个小纸条交上来。我也好给你们把后门打开了。有些官员一听，也不疑有他，很愉快地就照做了。刘娥一看，心里便明白了哪些是心术不正、光想着走领导捷径的人。后来，但凡收到官员拟录取名单，刘娥都要拿出那一张张小纸条看一看。纸上有名的就要重新考虑，再加几道考评门槛。

如此看来，刘娥还真是挺能干的。但是母强子弱的组合总会让人感觉不大舒服。当时朝堂之上就有人怀疑，这刘太后把持着朝政不放，是不是想要做武则天第二呀？有一次，一个叫程琳的御史中丞不知道是出于试探，还是出于献媚的目的，给刘娥送去了一幅《武后临朝图》。刘娥一见，不由得心头火起，重重地把它扔在地上，接着又把这程琳狠狠地教育了一通。

这是刘娥的一种姿态，摆明了自己虽然因为皇帝年少暂行天子之权，但绝对不会越俎代庖。这一点，小皇帝赵祯心里其实也是懂得的。所以他对刘娥一直都非常尊敬，母子感情十分融洽。所以当明道二年（1033年）刘娥病逝的时候，赵祯才会发自内心地难过。怎样来表达他的难过呢？在出殡的时候，赵祯亲自牵着抬棺椁的绳子，走了很长很长的一段路。天下莫不感慨皇帝的纯孝之情。

“有吕武之才，无吕武之恶”，这是历史给刘娥公正的评价。当戏曲的精彩迷花了人们的眼睛时，好在，还有历史能为她辩解。

【相关史料】

章献明肃刘皇后，其先家太原，后徙益州，为华阳人。祖延庆，在晋、汉间为右骁卫大将军；父通，虎捷都指挥使、嘉州刺史，从征太原，道卒。后，通第二女也。

初，母庞梦月入怀，已而有娠，遂生后。后在襁褓而孤，鞠于外氏。善播鼗。蜀人龚美者，以锻银为业，携之入京师。后年十五入襄邸，王乳母秦国夫人性严整，因为太宗言之，令王斥去。王不得已，置之王宫指使张耆家。太宗崩，真宗即位，入为美人。以其无宗族，乃更以美为兄弟，改姓刘。大中祥符中，为修仪，进德妃。

自章穆崩，真宗欲立为皇后，大臣多以为不可，帝卒立之。李宸妃生仁宗，后以为己子，与杨淑妃抚礼甚至。后性警悟，晓书史，闻朝廷事，能记其本末。真宗退朝，阅天下封奏，多至中夜，后皆预闻。宫闱事有问，辄傅引故实以对。

…………

初，仁宗即位尚少，太后称制，虽政出宫闱，而号令严明，恩威加天下。左右近习亦少所假借，宫掖间未尝妄改作。

…………

先是，小臣方仲弓上书，请依武后故事，立刘氏庙，而程琳亦献《武后临朝图》，后掷其书于地曰："吾不作此负祖宗事。"

…………

太后保护帝既尽力，而仁宗所以奉太后亦甚备。上春秋长，犹不知为宸妃所出，终太后之世无毫发间隙焉。及不豫，帝为大赦，悉召天下医者驰传诣京师。

——《宋史·卷二百四十二·列传第一》

14. 模范皇帝的人生悲喜剧

——宋仁宗赵祯真面目

【个人简历】

姓名：赵祯
职称：太子、皇帝
民族：汉
籍贯：开封
性格：和善宽厚、喜怒不形于色
特长：纳谏、书法
父亲：赵恒
母亲：李氏
配偶：郭氏、曹氏
子：赵昉、赵昕、赵曦
女：徐国公主、楚国公主、商国公主、邓国公主等十三女
签名档：做人就是要厚道嘛
大众印象：庸碌无能，有时不辨善恶
参演剧目：《包青天》《少年包青天》《狸猫换太子传奇》等

【剧情重现】

因为没有儿子，所以宋真宗赵恒不得不从皇族近支那里过继一个孩子。在众多的候选孩子中，赵恒一眼就选中了八贤王的孩子赵祯，并且很快将他养在宫中立为太子。皇后刘娥觉得这个孩子的眉眼很像当年被自己陷害而死的李宸妃。于是，刘娥私底下让人去调查八贤王的子嗣情况，果

然发现赵祯并非八贤王亲子的秘密。

赵恒听说这件事以后，不禁勃然大怒，扬言要立刻废黜太子。就在此时，李宸妃的心腹太监陈琳告诉了他当年狸猫换太子的真相，赵祯实为他的亲生子。赵恒的心受到了极大的震动，百感交集之下，终于与赵祯父子相认。

后来，恶贯满盈的刘娥终于得到了应有的报应。赵恒驾崩以后，十岁的赵祯继位。[1]

【真相揭秘·一个儿子三个母亲】

前文咱们就讲过，所谓狸猫换太子的故事，不过只是文人们编造出来的一个好看的传奇故事而已。事实上，宋仁宗赵祯[2]的继位过程远没有那么复杂。

在赵祯之前，宋真宗赵恒就有过五个儿子，可惜都没能长大成人。他的心里很着急，虽然大伙都喊他“万岁”，可人怎么可能会活到一万岁呢？一旦自己驾崩，这大好江山该去传给谁呢？赵恒每天都很发愁。突然有一天，他就不愁了。因为据多位太医的会诊，一个被他临幸过的宫女有了身孕。

这个李姓宫女本在刘娥刘皇后身边伺候。后来在刘娥的默许，甚至是撮合之下，赵恒在某一个月色朦胧的夜里，与她成就了好事。这李宫女当真也是好福气，竟成功地怀了赵恒的孩子，并且在十个月后顺利地产下了一个男婴。

赵恒眼见这孩子粉嫩可爱的小模样，心里真是怎么爱也爱不够。为了

---

[1] 以上剧情来自电视剧《狸猫换太子传奇》。

[2] 赵祯初名赵受益，为行文方便，故统一称呼其为赵祯。

感激李宫女为皇家做出的突出贡献，赵恒赏赐了她很多金银细软。至于名分，那肯定是没有的。因为赵恒对外只称这孩子是刘皇后所出。赵恒当然有赵恒的想法，自己年岁已大，又身体不好，这孩子很有可能就是自己的独子，将来的皇帝，能有一个嫡子的身份自然要比当一个宫女的儿子要好得多。尽管这对于李宫女来说很不公平，但这就是封建王朝的游戏规则。

赵祯登基那年只有十三岁。虽然十三岁在那个时代也算是个小大人了，但要让他独立处理政务，还是有一些难度的。于是，这重担就落到了刘娥刘太后的身上。刘娥雷厉风行，是个很有主见的女强人。女强人在外打拼，家里的孩子也不能没人照顾啊！于是，这就出现了赵祯的第三位母亲杨淑妃。杨淑妃进宫后不久便和刘娥成了好闺蜜。刘娥“生”下赵祯后，杨淑妃也很高兴，常常会过来逗弄小婴儿一起玩耍。于是赵祯很小就与她建立起了深厚的感情。等赵祯当了皇帝之后，就叫杨淑妃为“小娘娘”，亲昵程度可见一斑。

一般而言，长在妇人之手的男孩性格都会比较文弱。赵祯其实也是这样的。不过北宋原本就是一个文质彬彬的王朝，能够有这样一个同样文质彬彬的皇帝做当家人，其实倒也不是一件坏事。更何况，在长时间的兵乱之后，也确实需要一个像赵祯这样的守成之主来治理国家。

平心而论，无论在宋朝还是在整个中国历史上，赵祯也算得上是一位不错的皇帝，怎么算都能排到第二等偏上的位置。不过，要论起宽和仁善来，他绝对是头一号的。毕竟，他可是古往今来第一位谥号为“仁宗”的皇帝。其实，当一位直言犯谏的忠臣并不是什么难事。人性本善，恐怕没有任何人愿意以十年寒窗苦读的代价，来换得当一个遗臭万年的奸臣的机会，可要做一个容得下直臣的皇帝，却不是件容易的事情。然而赵祯不止容得下，甚至到了惧怕的地步。

在一次大朝会上，赵祯提出了人事调整，想要提拔一位名叫张尧佐的官员为三司使（财政部长）。这张尧佐是赵祯宠妃张氏的伯父。为了媳妇，赵祯难得想开一次后门。可是话刚说出口，就被时任监察御史（最高检察院检察官）的包拯给无情地驳回了。包青天义正词严地说：“就凭张尧佐的能力？不行！”或许是包青天离御座太近，又或许是他说话太激动。总之，他的唾沫星子一不小心就喷到了赵祯的脸上。若碰到个脾气粗暴点的皇帝，指不定直接就把他拉出去杖毙了。可赵祯却并不在意，反而是带着写可怜巴巴的表情，赔笑着说道：“那当个节度使（军区司令）总行了吧？”

此言一出，也不消包青天发话，一个低品级的言官唐介就站出来了：“以张尧佐的资历，也不行！”赵祯这下可有些恼了，赶忙又说：“节度使不过是一粗官，难道真的不行吗？”唐介道：“本朝太祖太宗都当过节度使，怎么能说是一个粗官呢？”赵祯无言以对。于是这张尧佐只能继续在基层岗位上原地踏步。

散朝以后，赵祯来到张贵妃的寝宫，不无委屈地说道：“这事儿可是彻底黄了，谁让包拯是监察御史呢。”张贵妃听罢，也只得无奈地点点头。

似乎连小孩子都知道，皇帝是一言九鼎的，尤其是在皇权鼎盛时期的明清，如果违背了皇帝的旨意，就只有死路一条。如此看来，赵祯还当真是个异数。虽然咱都希望这样的异数可以有一打。

【剧情重现】

权倾朝野的庞太师有一个女儿入宫做了贵妃。某天，正当赵祯被朝政琐事心情郁闷之时，有人来报，说经太医诊断，庞妃已经有了身孕。赵祯听说以后，喜出望外，当即便承诺说，一旦庞妃生下皇子，便封她为皇后，皇子为太子。

哪知人算不如天算。庞妃被飞鸟所惊，不幸流产。庞妃万念俱灰，只想一死了之。关键时候被庞太师救了下来。庞太师让她千万保守这个秘密，自己则会为她想法子掩饰这件事情。于是，庞太师先杀了太医，又偷梁换柱，用一个新生儿代替庞妃的小皇子。

后来由于包青天的明察秋毫，庞太师和庞妃的阴谋败露，按律该判庞太师死刑。行刑之前，皇帝与太后亲自向包青天求情，包青天念及庞太师也曾有功于社稷，便改判他为终身监禁，庞妃亦被打入冷宫。[1]

【真相揭秘·求而不得的婚姻】

皇帝与宠臣女儿的婚姻似乎是众多影视剧中的标配，所以权倾朝野的庞太师自然会有一个美貌的闺女来当赵祯的宠妃，可这显然并不是真相。

首先说庞太师。说来有趣，任太师官职的人在影视剧中通常是反派，而庞太师无疑是反派中的反派。然而，在真实的历史上，庞籍（剧中常作庞吉）官至枢密使（军事长官），封颍国公，是个非常正直，也非常有能力的好官。不仅和北宋名相韩琦、范仲淹是至交，还提拔了司马光、狄青等一批文臣武将。所以说，为了塑造包拯包青天的光辉形象而贬低庞籍，对庞籍实在太不公平。从显存的史料看来，庞籍只有一个名叫庞元英的儿子。赵祯后宫中也没有一个庞姓的妃嫔。

其实，虽然赵祯贵为皇帝，但他的婚姻却是非常坎坷的。在他十四五岁情窦初开之时，他喜欢上了商人王蒙正家的姑娘，吵着闹着要立她为皇后。这个提议不出意料地遭到了当时掌权的刘太后的坚决反对。反对理由主要有三个：第一，王蒙正只是个土豪而不是官吏，不配和皇家联姻；第二，王姑娘长得太妖艳，怕是个祸国殃民的主；第三，你娘我已经给你选

[1] 以上剧情来自电视剧《包青天》。

好了一个媳妇。

为了保卫自己的爱情，出于青春叛逆期的赵祯也做了坚决抵抗。可惜，女汉子刘娥有一万种办法对付这个不听话的小子。于是，赵祯只好委委屈屈地娶了平卢节度使郭将军家的孙女郭姑娘为皇后。当然，皇帝不可能只有一个女人。所以刘娥还配给他好几个妃嫔。这其中，赵祯最有好感的是开国将军张美的曾孙女张氏。张氏温柔文静，和赵祯宽厚内向的性子其实是很搭的。所以赵祯每月总有十几天留在张氏的寝宫之中。

按照一般宫斗剧的演法，皇帝这般专宠一个妃子，肯定会引起皇后的嫉妒啊！然而，郭皇后对此倒也没有显现出太多失落不满的情绪来。这可不是因为她大肚能容。而是她觉得，毕竟自己已经有了皇后名分，皇帝的宠爱，有当然是最好，没有倒也不是什么大不了的事情。这其实是比较实惠的想法。因此，就算在规矩森严的皇宫，郭皇后也还是保持着在闺阁之时骄纵任性、我行我素的性子，大有你能奈我何的态度。

事实上，赵祯也确实奈她不得，因为这个他怎么也看不上眼的媳妇倒是很得婆婆的欢心。就算看在太后的面子上，赵祯也不能一直冷着她。于是，夫妻俩也就这样有一搭没一搭地过着日子。直到郭皇后的靠山刘太后薨逝，赵祯亲政之后，这种平衡才慢慢发生了变化。

郭皇后突然明白过来，作为后宫的“老大”，她不能放任那些娇滴滴的女人们在她面前横行霸道，是时候该摆出自己一把手的威风来了。彼时，赵祯刚好新封了一位尚姓美人，似乎还挺得他的喜欢的。于是，郭皇后就瞄准了这个目标，决定用她来给后宫诸人立规矩。就这样，郭皇后三天两头地来找尚美人谈话，所谈的内容不过只是一些鸡蛋里挑骨头的无聊话题。日子久了，聪明机敏却年轻气盛的尚美人就明白了，这准是皇后在找自己的碴儿。一气之下，她就跑到赵祯跟前，哭哭啼啼地诉说着自己所受的委屈。本着家和万事兴的赵祯在安慰了爱妃几句以后，也就把这事给搁下了。

可那两个在气头上的女人却没有搁下。又过了几天，她们索性一路吵到了皇帝的寝殿之中。赵祯被她们吵得头昏脑涨，便只好坐在一旁当个看客。可是才过了一会儿，她们却突然动起手来。赵祯一看如此状况，知道这看客是当不成了，便起身挡在中间。怎料郭皇后打向尚美人的这一巴掌却没有收住，一把就搿到了赵祯的脖子上，几道血红的印子瞬间就泛了出来。

就算搁在封建时代的老百姓家中，男主人因为大老婆和小老婆吵架而受伤也是一件很丢人的事情。赵祯当然很愤怒，恨不能一掌打回去，可他到底也没有这么做，而是拉着尚美人的手，气鼓鼓地走了，只留下吓出了一身冷汗的郭皇后在原地出神。

又过了几天，赵祯召宰相吕夷简商量事情。吕夷简一看他脖子上的伤痕，不禁关切地问了几句。赵祯一听，便立刻把事情原原本本地告诉了吕夷简。吕夷简一听，当场就火了。这样失德的皇后，陛下废了她又如何？

赵祯虽然也很想出口恶气，但一听到自家宰相说到废后，便有些“怂”了。这郭皇后虽然千不好万不好，但好歹和自己做了近十年的夫妻。真要做得这么绝情，也不是自己的风格。想到这，赵祯也不应吕夷简的话，只说事涉重大，还要考虑考虑。吕夷简却又继续道，陛下您可不能犹豫不绝。这郭皇后是当年刘太后给您选的，您不是常说要摆脱刘太后的执政阴影，建立起自己的人脉吗？如今，这不就是个千载难逢的好机会？

好主意啊！赵祯一听这话，不由得连声叹道。虽然赵祯是个孝顺孩子，和刘娥之间的关系也比较好。但孩子总要长大，况且他又是堂堂的一国之君，希望能有些不同于刘娥的执政理念，也算是人之常情。借废后一事来向朝臣表明他的这个决心，真算是个不错的主意。

于是，就在“掌掴事件”过去没多久，赵祯就下旨说，皇后因为多年无所出，心怀愧疚，决定出家当女道士，自己顺从她的心愿，从即日起，就废黜她的皇后称号，改封为“玉京冲妙仙师”，移居长宁宫。这自然是胡扯的话，不过也没人真有胆子去拆穿。和很多废后相比，郭氏能衣食无忧、安安稳稳地在宫里做个女道士，总还算是个不错的结局了。

既然已经除旧，接下来的任务自然是迎新。如此，新一轮海选皇后的仪式即将启动。不过，赵祯对朝臣推荐的一众名门闺秀似乎都不怎么感兴趣。正在此时，他邂逅了一个陈姓姑娘，并且对她一见倾心。至于是在什么时间、什么地点、在什么情况下邂逅的，史书上没有说，全凭咱们聪明的大脑来想象。总而言之，赵祯是认定了这个姑娘，只想让她做自己的皇后。

此提议一说，就遭到了几乎所有大臣，包括一向与他同心同德的吕夷简、蔡齐等人的反对。他们的反对理由只有一条，陈姑娘是个茶叶贩子的女儿，出身太贱。说及此，不知道您是不是也有同样的想法，陈姑娘的身上有赵祯初恋王姑娘的影子。

可是，赵祯就算再坚持，也敌不过一波又一波的进谏。于是这一次，他又妥协了。最后坐上皇后宝座的是名将曹彬的孙女曹氏，算是一个让大家都满意的结局。至于赵祯心中的遗憾，就只好他自己来承受了。

【剧情重现】

赵祯为了铲除庞太师这个心腹大患，以郡主之死嫁祸庞太师之子庞统。本是天衣无缝的计划，却不料让包拯看出了端倪。于是，包拯在众朝臣和百姓面前，拆穿了皇帝的计划，同时也揭露了庞太师父子的野心。

得知真相的老百姓们虽然极其憎恶庞氏父子作为，但也很鄙夷皇帝陷害大臣的行为。一时间，民怨沸腾，险些就要酿成逼宫的闹剧。正在此时，辽国大军突袭宋境，老百姓们才调转枪口，决定先一致对外。

外患已除，皇帝虽说表示不计较包拯揭破真相的“犯上”之举，心里却暗暗对他起了防范，甚至是杀心。包拯在洞明皇帝的心事之后，默默离开皇宫，在和所有亲友告别之后，跳崖明志。[1]

【真相揭秘·有人缘的皇帝】

虽然赵祯没能娶到他最为中意的女子做皇后，可他想了一阵子就想明白了：自己是一国之君，婚姻大事自然也不能全由着自己的性子来，看来，朝臣们的劝谏也是有道理的，也亏得他们劝谏了，看来，明天得给他们每个人都发一个大红包才好。

其实，赵祯向来都是个很喜欢设身处地地替别人着想的人。这样的品行对于一个普通人而言尚且难能可贵，更何况对于皇帝。有两个流传很广的故事。一个是这样的：一天，赵祯带着几个关系好的嫔妃一起逛花园玩。逛着逛着，也不知道发生了什么事，赵祯频频向后回头看。可内侍们都很识趣地站得远远的，不想破坏皇帝和嫔妃们的甜蜜时光。赵祯一看附近没人，也不说话，等逛累了以后就回到了自己的寝宫。

赵祯回去后的第一件事就是为自己倒了几杯茶喝。一个嫔妃看着皇帝瞬间变成一头“水牛”，不由有些奇怪地问道，陛下您方才游园的时候为什么不让人倒水喝啊？看把您给渴的。赵祯听后，立马摆摆手道，如果方才说了，肯定有人会因为伺候不到位而受罚，这可不是朕愿意看到的。

另一个故事是这么说的：赵祯在吃午饭的时候，突然被饭菜中的一个小石子硌到了牙齿，疼得他直咧嘴巴。可他第一反应是对身边的宫女说道，千万不要把这事传扬出去。这可是很严重的渎职罪。

瞧瞧，像这样体贴待下的皇帝哪里去找啊！

所以彼时的宫中，就算最基层的宦官宫女们也念着皇帝的好，干起活

[1] 以上剧情来自电视剧《少年包青天3》。

来都格外的卖力。

赵祯对下人们好，对锐意进取的读书人则更是宽厚有加。其中最有名的两个人是苏辙和柳永。苏辙大伙都熟，唐宋八大家之一，散文大师。然而大伙可能不知道的是，苏辙年轻的时候是个暴脾气。暴到什么程度呢？敢在高考试卷中辱骂皇帝。苏辙说，我听说皇宫中财宝美女无数，皇帝你只贪图享乐，不关心民间疾苦，这样做是不对的，你知不知道啊？

批试卷的考官们一看就怒了！咱们皇帝还不够勤政爱民？你这是看的哪里的盗版新闻？这简直就是无中生有的恶意诽谤！正当考官们想给他零分处理的时候，赵祯却下了旨意，说科举考试原本就是鼓励学子们说真心话的。这个苏辙敢如此说，很了不起嘛！得录取！

赵祯其实是慧眼识才的，他看中苏辙也不仅仅是因为他的敢言，而是因为看到了苏辙身上的为官天赋。当官自然也是讲究天赋的，因为和苏辙同时代的柳永就被赵祯判定为没有天赋的一类人，所以尽管柳永的科举成绩到了进士分数线，赵祯也没有给他官做。在他看来，柳永此人的才华主要是在文学，而且是在市井文学上，而做官则不大需要这样的本事。被赵祯嫌弃了的柳永很生气，可同时也很自负地号称自己是“奉旨填词”，言语之中，颇有些对皇帝的嘲笑讥讽之意。赵祯对此的态度就是，随他去吧！

这样大事清楚、小事“糊涂”的皇帝不止征服了国内官民的心，连“敌国”的君主们也对他尊重有加。那时，对宋朝最有威胁的是西夏和辽国。西夏和宋朝打了几十年仗，到了赵祯那时候，双方都觉得打累了。于是便在赵祯和朝臣的主导之下，双方签订了“停火协议”。西夏向宋朝称臣，宋朝则每年赐给他们“压岁钱”花。如此，也就相安无事了一阵子。

辽国则更有趣，辽国当时的皇帝耶律洪基是赵祯的“迷弟”。为此，他还特地让人去开封向宋朝廷讨了一幅赵祯的画像。当时就有大臣坚决反对，说像辽国这样的蛮夷之邦，万一用皇帝您的画像来搞封建迷信，在背后诅咒您，让您时不时生一点小毛小病，可怎么办啊！赵祯却说，没事，朕一向光明磊落，待人真诚，料他们也不会这么做的。

后来，耶律宏基用了极隆重的仪式来迎接赵祯的画像，还说了句很有名的话：我若生中国，不过与之执鞭持，盖一都虞侯（我如果生在宋朝，大概也只能当一个为他执鞭的军官罢了）。

说到此，不用我说，您也能明白电视剧中包青天公审皇帝，百姓群起而责之的描述和真正的历史差距有多大了吧！

赵祯在位四十二年，终其一朝，政治清明，百姓安居乐业，对外关系也比较缓和。所以当听说他驾崩的消息之后，“京师罢市巷哭，数日不绝，虽乞丐与小儿，皆焚纸钱哭于大内之前”。耶律洪基听说以后也惋惜悲伤不已。后来索性在辽国为赵祯建了个衣冠冢以托哀思。

据说后来金兵入京以后，大肆盗取宋皇帝陵墓，拿了很多价值连城的陪葬品，却独独放过了宋仁宗赵祯长眠的永昭陵，“唯昭陵如故”，这五个字足以说明金人对他的态度了。

皇帝做到这份上，也算不枉了。

【相关史料】

（赵祯）大中祥符三年四月十四日生。章献皇后无子，取为己子养之。天性仁孝宽裕，喜愠不形于色。七年，封庆国公。八年，封寿春郡王，讲学于资善堂。天禧元年，兼中书令。明年，进封升王。九月丁卯，册为皇太子。

——《宋史·仁宗本纪》

其后尚美人、杨美人俱幸，数与后忿争。一日，尚氏于上前有侵后语，后不胜忿，批其颊，上自起救之，误批上颈，上大怒。入内都知阎文应因与上谋废后，且劝帝以爪痕示执政。上以示吕夷简，且告之故，夷简亦以前罢相怨后，乃曰："古亦有之。"后遂废。诏封为净妃、玉京冲妙仙师，赐名清悟，居长乐宫。

…………

慈圣光献曹皇后，真定人，枢密使周武惠王彬之孙也。明道二年，郭后废，诏聘入宫。景祐元年九月，册为皇后。性慈俭，重稼穑，常于禁苑种谷、亲蚕，善飞帛书。

——《宋史·列传第一》

嘉祐二年秋，北虏求仁皇帝御容。议者虑有厌胜之术，帝曰："吾待虏厚，必不然。"遣御史中丞遗之，虏主盛仪卫亲出迎，一见惊肃，再拜。语其下曰："真圣主也。我若生中国，不过与之执鞭捧盖，为一都虞候耳。"其畏服如此。

…………

仁皇帝崩，遣使讣于契丹，燕境之人无远近皆聚哭。虏主执使者手号恸曰："四十二年不识兵革矣。"其后北朝葬仁皇帝所赐御衣，严事之，如其祖宗陵墓云。

——《邵氏闻见后录·卷一》

15. 他并非专情的完美男神

——“皇父”多尔衮真面目

【个人简历】

姓名：爱新觉罗·多尔衮

职称：贝勒、亲王、皇父摄政王

民族：满

籍贯：赫图阿拉（辽宁新宾）

性格：风风火火，说一不二

特长：打仗、权谋

父亲：爱新觉罗·努尔哈赤

母亲：阿巴亥

配偶：博尔济吉特氏

子：多尔博（养子）

女：东莪

签名档：我要的是江山，不是美人

大众印象：英俊帅气，深情专一的清朝男神

参演剧目：《孝庄秘史》《美人无泪》《大玉儿传奇》等

【剧情重现】

多尔衮跟着四哥皇太极来到四嫂的娘家科尔沁草原上做客。在那里，多尔衮与号称“满蒙第一美女”的大玉儿相遇，两个人一见倾心，在敖包下互许终身。为了能够光明正大地求娶大玉儿，多尔衮向她许诺，等打了胜仗，立了战功之后，就立刻迎娶她做妻子。

谁知多尔衮在战场上为人所陷，初尝败绩，并且还误传了死讯回来。大玉儿听说以后伤心不已，几欲寻死与多尔衮共赴黄泉。当时的皇太极已经向大玉儿表示了求娶之意，她又在无意间知道了多尔衮“身死”的真相，为了家族，也为了给多尔衮复仇，她只能答应出嫁。

哪知就在婚礼当日，多尔衮却身负重伤回来了。大玉儿震惊不已。可事已至此，再无力回天。一对有情人就这样阴差阳错地生生错过。[1]

【真相揭秘·他并没有那么可怜】

不知道从哪一年起，多尔衮成了清朝最有名的情圣。他在大草原上与蒙古格格大玉儿一见倾心，并且深深地爱了她一辈子，甚至为此冷落了深爱自己的妻子小玉儿。这里面其实糟点是很多的。咱们现在就开始慢慢地聊。

多尔衮在努尔哈赤所有儿子中排行十四。很多影视剧都说他是努尔哈赤最喜欢的一个孩子，也是努尔哈赤钦定的汗位继承人。可事实上，这是一个很值得商榷的问题。因为若论宠信，他比不上褚英（这哥们也是被自己作死的）和皇太极；若论宠爱，他比不上多铎。所以无论如何，他也担不起这个“最”字。至于努尔哈赤在临死前借大妃阿巴亥的口，诏告群臣立多尔衮为新大汗的事，更是现代编剧们为了塑造一个悲剧英雄所发挥的欠考虑想象罢了。

《清史稿·太祖本纪》中关于努尔哈赤之死只简单记录下了以下几句话：“八月丙午，上大渐，乘舟回，庚戌，至爱鸡堡。上崩，入宫发丧。”可见，他死得很突然，突然到并没有留下任何有关继任者的只言片语。就算有，他也绝不会讲给阿巴亥听。

[1] 以上剧情来自电视剧《孝庄秘史》。

首先，多尔衮是阿巴亥的亲生儿子，此时又没能立下像样的战功，努尔哈赤是有多大的信心认为他那一群如狼似虎的成年儿子们能臣服于这位幼弟？其次，阿巴亥其人也不像影视剧中描写的那样是位天真的“白莲花”，她其实是个嫉妒成性、胡搅蛮缠的悍妇。《太祖武皇帝实录》上说她“饶丰姿，然心怀嫉妒，每致帝不悦，虽有机变，终为帝之明所制”。如果不是看她有几分姿色，又为他生下了三个儿子，努尔哈赤恐怕连休了她的心都有。更何况，她还与努尔哈赤的次子代善有些说不清道不明的暧昧关系。所以，她绝不可能是努尔哈赤“口述遗嘱”的传递者。

说及此，您是不是可以稍微释怀一下多尔衮被抢了皇位的事了？本来就不是他的，又怎么说得上是“抢”呢？接着咱再说他被抢了心上人的事吧。在最青涩懵懂的年纪，在美丽的大草原上遇见了最美丽的姑娘，结下了青梅竹马的缘分。的确很美好啊！可美好的东西被扒开那层包装纸后，也就不那么美好了。

多尔衮出生在如今的辽宁地区，孝庄（玉儿这个汉人名字也不大可能是她的闺名）出生在蒙古大草原，搁如今也得坐十几个小时的高铁才能到，怎么可能耳鬓厮磨出感情来？而且也绝不可能像电视剧中说的是在皇太极迎娶孝庄姑姑的时候认识的，因为历史上那个时候，多尔衮三岁，孝庄两岁。就算他们真有碰面的机会，两个连整话都说不清楚的小毛孩，能培养出什么感情来？况且结婚完了，这俩不就又得乖乖回家去了吗？长大以后，如果有人问起多尔衮，在你三岁的时候，记不记得和两岁的孝庄玩过啊？多尔衮准得被问得一脸懵。因为据心理学研究表明，若没有突发性事件发生，孩子的记忆在六岁以前都是空白的。

既然小孩子的时候不懂爱，长大了总能懂吧。可上天却也没有给他们机会。他们第二次可能见面的时候，多尔衮十二岁，孝庄十一岁。在那个时代，刚好是谈恋爱的黄金时候啊！可不幸的是，这一年，多尔衮迎娶了他的第一位福晋。这位博尔济吉特氏姑娘的闺名显然也不可能叫小玉儿，和孝庄也没有那么近的亲戚关系。初为人夫的多尔衮看自己的新娘都看不过来呢，怎么可能去注意不知道在哪个席上坐着的孝庄呢？

转过年来，孝庄就嫁给了自己的姑父皇太极了，正式成为多尔衮的小嫂子，当然也不可能对她生出别的什么心思了。多尔衮并不是儿女情长的人，对于感情的事，也绝没有那么执着。他娶谁做妻子，其实不过是出于政治上满蒙联姻，壮大彼此实力的考量而已。这其实是很真实的想法，当然没有什么不好的。

如此，多尔衮和皇太极所谓的夺位夺妻之恨都是子虚乌有，甚至连杀母之仇都不见得能算到皇太极的头上。事实上，自打多尔衮懂事以后就一直跟在皇太极身边，是皇太极一手培养出来的将才。皇太极也一直很信任和喜欢这个很有军事天赋的弟弟。

崇德五年（1641年），当皇太极得知多尔衮违反他的既定作战方略，擅自撤兵之后，曾一怒之下撤了他的亲王爵位，并且当着群臣的面对他说："朕爱尔过于群子弟，赐予独厚。今违命如此，其自议之。"言语之中，颇有些恨铁不成钢的意味。长兄如父，可见此言是不假的。

【剧情重现】

皇太极死后，帝位空悬。皇位最大的竞争者多尔衮和豪格经过一番争斗之后，决定各退一步，扶植皇太极的一位皇子做皇帝。最后，在多尔衮和代善等人的支持下，九阿哥福临顺利坐上了皇帝的宝座，多尔衮成为摄政王。

虽然拥有了至高无上的权力，但多尔衮心里最大的愿望其实是迎娶已经成为太后的大玉儿为妻。而此刻的大玉儿心中却将儿子放在了第一位，对多尔衮的求婚并没有做出肯定的回应。多尔衮气得将小皇帝带离了大玉儿的身边，大玉儿虽然心有不舍，但也无可奈何。

清军入关，多尔衮成为朝中的第一功臣，给予他的尊号也由“皇叔父摄政王”变成了“皇父摄政王”。也与此同此，也有有心之人扒出了当年他与大玉儿的一段旧情。他的妻子小玉儿在与他一番争执之后上吊自尽。[1]

【真相揭秘·他从来没把爱情当回事】

崇德八年（1643年）八月，皇太极在沈阳清宁宫中猝死。和他的父亲努尔哈赤一样，他也没有明确说明继位人选。这就比较麻烦了。当时在诸位亲王中最具皇位竞争力的是皇太极的长子豪格和弟弟多尔衮。豪格战斗经验丰富，且又是长子，继承皇位似乎也是理所应当的事情。可多尔衮和其手下两白旗的簇拥者们却说，长子有什么用，先帝若真要立你，早就立了，还要等到今天？倒是咱们这位睿亲王向来受先帝赏识，军功更是无人能敌。若真要推举一人当皇帝，难道不应该是他？

就这样，这两股势力成天剑拔弩张，闹得人仰马翻。这个时候，一个重量级的人物郑亲王济尔哈朗终于忍不住站出来了。这位老人家是皇太极的堂弟，在宗室里的地位很大。他的主张简单来说就三点：第一，父死子继的祖宗规矩不能改，所以新皇帝一定得是皇子；第二，豪格虽是长子，但人缘不好，不能继位；第三，由“大清宗室代表大会”共同推举一位另一位皇子。

此言一出，多尔衮心里虽然还是有些不甘，但想想似乎也没有别的更好的办法了。于是，在又一次的大讨论中，新一任皇帝人选闪亮登场！他就是年仅六岁的九阿哥福临。同时还为他找了两个帮手，一个是摄政王多

[1] 以上剧情来自电视剧《孝庄秘史》。

尔衮，另一个是辅政王济尔哈朗。虽然多尔衮没有如愿以偿地得到皇帝的宝座，但能捞到一个摄政王当当，他总体还是满意的。毕竟，在面子和里子不能兼得的时候，还是里子比较重要嘛！可见，多尔衮并不是福临继位的首要推动者，所以更没有为了爱而让位的浪漫主义猜想了。

当了摄政王以后的多尔衮并没有任何闲心与孝庄谈情说爱，而是积极地投入统一全国的伟大事业中去。顺治元年（1644年），明朝末代皇帝崇祯吊死在了煤山一棵歪脖子树上。多尔衮期盼了很多年的好事终于发生了！浑身充满战斗力量的他决定立刻带兵出征，定要先于李自成的农民起义军进入关中。多尔衮的军队都是当时清朝最精锐的部队，加之李自成的“猪队友”吴三桂在关键时刻的背叛，因而在不到两个月的时间里，清军就浩浩荡荡地攻占了北京城。同年九月，清朝国都正式从盛京（沈阳）迁入了北京。那是多尔衮一生事业的巅峰，与此同时，他的权力也达到了巅峰。

顺治二年（1645年），多尔衮的头衔由“摄政王”变成了“皇叔父摄政王”。加了三个字，也就是加了三道明晃晃的令牌。第一道：以后凡是多尔衮出征，或者围场打猎，各位大臣，各位皇亲国戚们，你们都得辛苦一下，列队跪送，等到他回来再列队欢迎。第二道：逢年过节，你们拜完了皇帝，还得集体再到多尔衮面前一模一样地再来一遍。话说这些大臣们也是蛮累了。人家只要伺候一个皇帝，咱这得伺候俩。第三道：多尔衮来上朝的时候，可以经过午门再下轿。这可是专车接送到会场的待遇，别的亲王们可是想都不敢想的。

三道令牌之后还有绝杀招！小皇帝福临当时不是还小吗，所以所有的折子都交由多尔衮批阅。白天在“办公室”里批不完，晚上还得带回王府去批。问题这就来了！折子上得盖上“公章”啊！老让人把玉玺从宫里送过来也是个麻烦。于是，他便索性将玉玺放到了自己府上，这样他就可以舒舒服服地在家弹性办公了。

这还没完呢！两年以后，多尔衮的职称又变了，这回是少了一个字，变成了“皇父摄政王”。什么样的人才是皇父？那得是皇帝他爹呀！皇帝他爹又是谁？那得是皇帝他娘的老公啊！您可别觉得我说的是废话。因为这关系到清朝四大谜案之一——太后下嫁的问题。这是一个公说公有理婆说婆有理的辩题，大多数电视剧选择的还是没嫁这个观点。可没嫁的理由却各不相同。主流的观点是这俩虽然有情，但碍于福临的面子，也碍于所谓皇家体统，终究还是没能成眷属。

那是一厢情愿的想法，事实上未必真如此。皇父的字面意思的确是咱上头说的那个含义。但在咱们中国历史上，被皇帝尊为父亲的大臣可不只多尔衮一个。周武王叫姜子牙“尚父”，齐桓公叫管仲“仲父”，项羽叫范增“亚父”，刘禅叫诸葛亮“相父”，怎么不见这些人和皇帝他娘闹绯闻的？所以说，这“皇父”二字，大概也就只是一个尊称吧！因为依着多尔衮为清朝做出的贡献，除了给他皇帝的头衔之外，已经没什么可以加封他的了。当然，这是绝对不能给的，一给就得乱套，那就只能给他“皇帝爹”的称号了。听上去的确很高大上啊！至于会不会留给后人以不必要的遐想，那就不是他们会考虑的事情了。

【剧情重现】

多尔衮得知弟弟多铎因天花而死的消息以后，心里十分悲恸，乃至吐血晕厥，病情加重。而正在此时，原明朝降臣山西守将姜瓖突然反叛。多尔衮因为受了多铎之死的巨大刺激，又受不住顺治的激将，一怒之下决定带兵出征。

这场仗并不好打，多尔衮在追击敌兵的过程中，中箭摔马倒地。在弥留之中，他掏出了大玉儿当年送给他的荷包，想起了与大玉儿青梅竹马的种种回忆，在微笑中闭眼而死。将士们纷纷跪送这位开国英雄。

多尔衮亲信们上书顺治，请求追尊其为“成宗义皇帝”。顺治虽然心不甘情不愿，但最终同意了他们的要求。但不久以后，多尔衮婢女举报多尔衮身前私藏龙袍，意欲谋反。顺治趁机清除了多尔衮的党羽以及加封给他的一切尊号。[1]

【真相揭秘 · 他的死并没有那么惊天动地】

几乎在所有相关的电视剧中，多尔衮之死都能成功地赚去多数观众的眼泪。然而事实上，他的死实在没有什么值得渲染的地方，死因也就只有简单的一个字——病。

多尔衮是一直有病的（此处不带贬义）。早在二十九岁打完松锦大战那一年，多尔衮就曾对部下说自己“体弱精瘦”。这四个字其实是可以分开来说的。首先是“体弱”，这就说明他的身体体质不好，或许是从娘胎里带来的也未可知；其次是“精瘦”。您可不要被影视剧中又高又帅的多尔衮形象骗了。按照咱们今天的审美，历史上的多尔衮瘦骨嶙峋，长得实在算不上好看。

不过，高颜值对于一个男人，尤其是手握重权又会打仗的男人来说，其实并没有那么重要，至少相较于健康状况而言。说到此处，其实还有一个八卦点。前头咱说过，多尔衮不是一个专情的男人。在他的一生中，有记载的妻妾就有十个。可她们中只有一个朝鲜妹子为多尔衮生过一个名叫东莪的女儿。要知道，寿命比他还短的胞弟多铎却有十六个孩子。为什么多尔衮的子嗣如此单薄呢？咱做个合理的推测，正是和他的身体状况有很大的关系。

---

[1] 以上剧情来自电视剧《孝庄秘史》。

至于他究竟生了什么病呢？翻翻史书就能明白了。《清世祖实录》讲了这么一件事情。新年来临之际，诸位亲王贝勒们在讨论除夕宴会礼节的时候，有人提出摄政王“体有风疾，不胜跪拜”，可以免了对当时才十岁的小皇帝行跪拜之礼。这当然又一次证明了多尔衮当时的权力之盛，但也从侧面指出了他的病——风疾。

风疾在古时候是种挺麻烦的病。轻度风疾的症状是头晕目眩，中度症状是面神经瘫痪，重度症状可能就要半身不遂了，接近于我们今天所说的中风。因为知道自己得了这种病，所以多尔衮的心里也十分着急，不仅遍寻国内名医医治，还特地找了当时在清朝做人质的朝鲜王世子求药，可见他对于自己的身体健康问题还是十分在意的。

不过，似乎这一系列的寻医问药并没有起到根治的效果。因为就在顺治七年的十一月中旬，他的这种病又一次发作了。于是，他就外出打猎了。很奇怪，有病不在家好好躺着休息，去打猎做什么？也不怕被荒郊野外的风一吹，病情又加重了？这似乎是他们皇家的坏毛病，皇太极也是在病重的几天特别找了一群人去吉林打猎，结果没过多久就驾崩了。

可多尔衮显然并没有吸取这血的教训，所以就在打猎回来后的十一月，他就撒手人寰，去见列祖列宗了。不过，朝堂之中由多尔衮领衔的“执政党”和由郑亲王济尔哈朗领衔的“在野党”的争执，并没有因为多尔衮的死而画上句号。相反，他们斗得更加厉害。比小说和电视剧更精彩的是历史。

刚开始的时候，多尔衮派显然是占据着压倒性优势的。咱看看多尔衮的丧礼规格就知道了。在多尔衮亲信罗什、额克苏、鳌拜等人的建议下，十三岁的顺治皇帝穿着孝服和文武百官们一起迎接多尔衮的棺椁，并且行了跪拜之礼。侄儿向叔叔行礼，当然天经地义。但要皇帝向大臣行礼，若说顺治心里不憋屈，讲出来都没人信。

可还有更憋屈的呢！几天以后，顺治又颁诏，向天下重新讲了一遍多尔衮同志的光辉事迹，并且宣布接下来的一个月为“全国哀悼月”，停止一切娱乐活动。十一日后，顺治又放了个大招，追尊多尔衮为“义皇帝”，将牌位供于太庙之中。

《红楼梦》中有一句话说得很在理：月满则亏，水满则溢，登高必跌重。多尔衮这一跤跌得可是非常重啊！转过年来的顺治十八年二月，济尔哈朗等人罗列了多尔衮生前一系列大大小小的罪状，大如不敬皇帝，意图谋反，小如手下将士买菜不给钱等等。顺治皇帝一接到这些奏章，积郁在心里几个月的愤懑终于找到了发泄的地方。摄政王啊摄政王，我在你手里做了那么多年的傀儡，今天总算可以独立自主一把了！

于是，顺治很愉快地又下了一道圣旨，说多尔衮“谋逆果真，神人共愤”，不仅收回了之前给他的一切封赏，还让人将多尔衮的遗体从坟墓里挖出来打了一顿，以发泄心头之恨。这在相信灵魂转世的封建时代是一个非常严重的惩罚。那得有多深的仇怨啊！所以同情多尔衮的后人就相当不屑顺治的人品：人家辛辛苦苦为你打江山，你就是这样报答他的？咱现代刑法上还有一条侮辱尸体罪，情节严重的得处三年以下有期徒刑呢！

可是，把这事全推到顺治头上也不公平。他确实怨恨多尔衮的专权，但如果没有多尔衮政敌济尔哈朗们的撺掇，未必真能把这事做得这么绝。所以说到底，也不过是两个“党派”之间的互相争斗和报复罢了。好在，现代科学早就证明了人死魂灭的解释，不管他们怎么折腾，多尔衮反正是感觉不到了。

【相关史料】

睿忠亲王多尔衮，太祖第十四子。初封贝勒。天聪二年，太宗伐察哈尔多罗特部，破敌於敖穆楞，多尔衮有功，赐号墨尔根代青。三年，从上自龙井关入明边，与贝勒莽古尔泰等攻下汉儿庄，趋通州，薄明都，败袁崇焕、祖大寿援兵於广渠门外，又歼山海关援兵于蓟州。

…………

围锦州，王贝勒移营去城三十里，又令每旗一将校率每牛录甲士五人先归。上遣济尔哈朗代将，传谕诘责，对曰："臣以敌兵在锦州、松山、杏山三城，皆就他处牧马。若来犯，可更番抵御。是以遣人归牧，治甲械。旧驻地草尽，臣倡议移营就牧，罪实在臣。"上复使谕曰："朕爱尔过於群子弟，锡予独厚。今违命若此，其自议之。"王自言罪当死，上命降郡王，罚银万，夺二牛录。

…………

八年，太宗崩，王与诸王、贝勒、大臣奉世祖即位。诸王、贝勒、大臣议以郑亲王济尔哈朗与王同辅政，誓曰："有不秉公辅理、妄自尊大者，天地谴之！"

…………

寻有疾，语贝子锡翰、内大臣席讷布库等曰："予罹此大戚，体复不快。上虽人主，独不能循家人礼一临幸乎？谓上幼冲，尔等皆亲近大臣也。"既又戒曰："毋以予言请上临幸。"锡翰等出，追止之，不及，上幸王第。王因责锡翰等，议罪当死，旋命贯之。十一月，复猎於边外。十二月，薨於喀喇城，年三十九。上闻之，震悼。丧还，率王大臣缟服迎奠东直门外。诏追尊为懋德修道广业定功安民立政诚敬义皇帝，庙号成宗。明年正月，尊妃为义皇后。祔太庙。

——《清史稿·卷二百十八 列传五》

（顺治七年）十一月十三日，皇父摄政王身体欠安，居家烦闷，欲出口外野游……（ 十二月）初七日，宿于喀喇城。本日，皇父摄政王病重歇息。初九日戊子，戌时，皇父摄 政王猝薨。

——《皇父摄政王多尔衮外出游猎日记》

16. 他不是小叮当，是大老虎

——“国民弟弟”多铎真面目

【个人简历】

姓名：爱新觉罗·多铎

职称：贝勒、亲王

民族：满

籍贯：辽东

性格：特立独行，狂放叛逆

特长：打仗

父亲：爱新觉罗·努尔哈赤

母亲：阿巴亥

配偶：博尔济吉特氏；那拉氏

子：珠兰、多尼、巴克度、察尼、多尔博、扎克度、董额、费扬古

女：八人（名均不详）

签名档：谁若敢欺负我，我就打回去

大众印象：乖巧专一、惹人心疼的国民弟弟

参演剧目：《孝庄秘史》《美人无泪》《大玉儿传奇》等

【剧情重现】

金国可汗努尔哈赤因旧伤复发而亡，临终之前，将汗位传给了他最喜欢的十四子多尔衮。多尔衮的母亲阿巴亥唯恐权势最盛的皇太极会对多尔衮不利，便以让皇太极继位为条件，以保住儿子们的性命。皇太极大怒，在两个兄弟阿敏与莽古尔泰的蛊惑下，逼令阿巴亥殉葬，旋即将多尔衮和

多铎兄弟软禁。

多年以后，从战场上归来的多铎带回了哥哥多尔衮的死讯，可见到的却是多尔衮心心念念的心上人大玉儿将要别嫁的消息。身为“护兄狂魔”的多铎气呼呼地前去找大玉儿，问她为何要背信弃义。大玉儿心有苦衷，却无法宣之于口。原来她得知多尔衮实则为人所害，为了找出罪魁祸首，也为了保护多铎，她只好深入虎穴，违心嫁给了多尔衮的哥哥皇太极。[1]

【真相揭秘·从小受宠的幺儿】

作为清宫戏里的常客，观众对多铎并不陌生，不过印象也仅仅只在于他是多尔衮的弟弟，一个从小失去父母、本性纯良的好孩子。因为不是主角，所以才不被了解。不知道这对于他而言，是好事还是坏事呢？

多铎的父亲努尔哈赤一共有十五个孩子，多铎是最小的一个。依照游牧民族的叫法，多铎被称作“守灶子”。意思是说，他的哥哥们都要外出打猎，为了本部的生存而努力奋斗，而他则只要在家里守着父亲的财产便可以了。由此可见，“守灶子”有着相当特殊的地位。而多铎又是努尔哈赤最喜欢的大福晋阿巴亥所出，受宠爱的程度可想而知。

天命九年（1624年）元旦，金国各贵族依例前来觐见努尔哈赤以表祝贺之意。咱们来看看这觐见位次，那可是很微妙的。首先出来朝贺的是“四大贝勒”代善、阿敏、莽古尔泰、皇太极。他们当时已经是战场上独当一面的将领，且有参政议政之权，地位远在众贵族之上。其次上前的是阿济格，那是多铎的胞兄，当时就已经跟着大贝勒代善征战地方，屡立战功，且又是所谓“嫡出之子”，所以当然也没问题。而位列他们之后的就是多铎。

---

[1] 剧情来自电视剧《孝庄秘史》。

那个时候的多铎不过才是个不满十岁的半大孩子，竟然就能够排在其他诸位成年兄长之前献贺，足可见他的政治地位。两年以后，努尔哈赤又将之立为贝勒，把整个正黄旗纳入他的麾下。他年纪小？没有打仗经验？没事，先让他在军中立立威，等成气候了再来领兵，那不是很好吗？努尔哈赤的逻辑十分简单明了。

在这样溺爱下长大的多铎性格中难免会有几分任性骄纵。这当然也不是什么大问题。努尔哈赤对此也没有表现特别的不满来。可见，至少在这位大金汗王眼里，多铎就是多铎，对他的偏爱也并不是因为他是多尔衮的弟弟。至于影视剧中待他如小弟的那位“玉姐姐”，其实跟他是真不熟，甚至在那个时候跟多尔衮也不熟，所以决计不会出现影视剧中，为了他们哥俩委委屈屈地嫁人的事情了。

可是，就在多铎十二岁那天，他的一级保护伞汗王努尔哈赤因为毒疽复发而病逝于如今的辽宁沈阳地区。大福晋阿巴亥因为所谓的汗王遗命而被迫殉葬。几日之内丧父丧母，对于年少的多铎而言，不得不说是一个巨大的打击。心理学上一个术语叫作“应激障碍”，指的是因为发生严重的精神创伤事件而出现的反应性情绪障碍。依着多铎后来的表现行为来看，他很有可能有这种精神障碍的倾向。只不过当时并不能为人所知罢了。

可能是因为血脉相同，也可能是因为同病相怜，多铎对多尔衮十分推崇，而对新任汗王皇太极百般看不上眼。当然，那个时候的皇太极内要稳定朝局，外要想法子进军关内，实在也没力气跟这位胡搅蛮缠的小弟多周旋。平心而论，皇太极对多铎实在算得上是不错的了。在继任汉位之后，皇太极就把汗父手中的二十牛录[1]的亲军全部移交给了多铎，让他成为当时最有实力的八旗旗主之一，笼络之意，不言而喻。

[1] 牛录：满族的一种生产和军事合一的社会组织。

然而，咱们这位多铎小弟显然并不买皇太极的账——我本来就是汗父最宠爱的儿子，你对我好，那是应该的，至于我要不要对你好，那就看我的心情吧。由是，多铎开始处处跟皇太极唱反调。他的原则十分简单，喜欢皇太极讨厌的人，讨厌皇太极喜欢的人。

有件事情很有趣。前头不是说多铎有个很会打仗的亲哥哥阿济格吗？此人虽然能力不错，但性格粗暴，人品还不行，皇太极对他很看不上眼。蒙古扎鲁特部首领戴青前来归降，阿济格偏巧看上了戴青家的儿媳妇。多铎知道以后，一拍阿济格的肩膀："这事好办，咱去抢不就行了吗？"幸好被有心人提前告到了皇太极那，不然总得惹出点大事来。可饶是如此，皇太极也只是重重处罚了阿济格，对"教唆犯"多铎并未处置。

可多铎对此依旧很不以为然。转过年来就送了一匹劣马给皇太极做新年礼物。这是相当大不敬的行为了。被群臣发现以后，多铎却毫不在意地对群臣说，我这是跟我哥哥闹着玩呢！我俩是啥关系啊！如此"倚小卖小"的行为落在皇太极眼里，不过也只是一声无可奈何的叹息。

【剧情重现】

崇德年间，皇太极带着长子豪哥和两个弟弟多尔衮、多铎围攻锦州。就在战争如火如荼展开的时候，皇太极最宠爱的妃子宸妃海兰珠病危。皇太极焦急万分，将军中一切事物交给了多尔衮，自己则日夜兼程地回去看望宸妃。

不明就里的多铎带着一群士卒来到了帐前求见皇太极，多尔衮奉命将多铎拒之帐外，险些就要刀剑相见。多铎非常震惊，但也只能退下了。知道真相以后的多铎心有不甘，觉得本可以借着皇太极只顾美色，不顾大局的做法打击他，质问多尔衮是不是忘了当年额娘被逼死的事情了。多尔衮却对皇太极产生了同病相怜之感，让多铎多理解他一些，多铎对此颇不以为然。[1]

【真相揭秘·开国诸王战功之最】

在影视剧中，咱们经常会发现，多铎似乎并没有独当一面将兵的机会，永远只能以多尔衮的“附属品”的形象示人。可事实上，多铎很会打仗，也很会笼络民心。乾隆皇帝曾说多铎是“开国诸王战功之最”。可见，他的战功较之多尔衮而言，有过之而无不及。

挑重点讲，咱们来聊聊多铎西剿李自成军，平定偏安江南的弘光政权的事情吧。在顺治初年，这两股势力成了清朝统一全国的最大障碍。对此，当时的摄政王多尔衮制定了一整套“三步走”方案，准备用一张天罗地网，把这两个政权给一锅端了。至于由谁来打开这张网，放眼朝中，也就只有多铎了。

顺治元年十月，多铎领了一支两万余人的军队悄悄地南下。为什么要这么低调呢？因为要显出另一路由阿济格带领的军队的高调来。多尔衮的策略就是让阿济格敲锣打鼓地前往陕北征讨李自成的大顺政权，而让多铎去河南端李自成的老巢。当然，这路军的真实目的是不足为外人道的。为了加以掩饰，当时给这路军找的出兵理由是去江南对付明朝残部重组的弘光政权。为此，清廷还颁布了弘光政权的一系列黑点，给出的舆论导向十分明显。

历史证明，多铎将这套虚实结合的战略贯彻得十分漂亮。人是会长大的，此时的多铎已经不像年少时那样轻狂任性了，在大是大非和国家利益面前，这小子的头脑还是相当得清楚的。转过年来的正月里，已经进入河南的多铎军进入怀庆，向着潼关急奔，正和阿济格的“高调军”在西安会合。

[1] 以上剧情来自电视剧《孝庄秘史》。

前狼后虎，李自成一看，自己简直成了陕西肉夹馍了。那是相当的生气啊！可生气也没法子。李自成在吹胡子瞪眼几天以后，决定执行三十六计中的绝招——走为上。于是，他就这样带着十几万人灰溜溜地撤出了西安，将这块肥得流油的大肉留给了多铎。

如此，“三步走”计划已经顺利地完成了前两步。最后一步，就是变征讨江南的虚招为实招。趁热打铁，多铎在西安做了短暂休整之后，就将那里的收尾工作交给了阿济格，自己则继续南下。打仗，讲究的就是效率。多铎的心里跟明镜似的。

弘光政权的中心是在南京，当时的武装力量其实并不强大。想也知道，当年明朝的主力军都打不过清军，更何况是这些退守的残部？所以，仅仅过了三个月时候，多铎就带领着他的士兵们大摇大摆地入了这座六朝古都。

然而，幸福来得太突然，接下来要如何去做，多铎可得绞尽脑汁，好好去想一想了。作为少数民族将领，多铎很明白一个道理，那就是汉族人不好管，汉族文人更不好管，江南的汉族文人则特别不好管。不过多铎显然已经有了自己的主意，那就是四个字——软硬兼施。

咱也说软的。多铎入了南京以后，就提笔给朝廷写了一份奏报，说南明有些特别有才的官员弃暗投明，主动投靠我大清，希望朝廷给予相应的奖励。其中最有名的是钱谦益和赵之龙两人。当时清廷的当家人是摄政王多尔衮，他当然也乐得用高官厚禄养着这帮文人头，免得他们到处惹是生非。

这种以钱财和官位诱惑方法，对于一些墙头草和中立派官员是有一定效用的。但自古文人多有傲骨，有些人就是宁死不降。多铎看着他们就讨厌，恨不得立刻派人把他们都解决了，可是他转过头来一想，现在还不是时候。纵然要收拾他们，也得等局势平稳以后呀！于是，他只得先把这事给搁下，转而将目光转向了平民百姓们。

要收复百姓的心，其实很简单。首先无非是要证明自己的正统性，方法就是要证明别人的不正统。于是，多铎就让手下人等到处张贴“小广告”，说弘光皇帝倒行逆施，纵容文臣武将们欺负平民老百姓（以下略去5000字）。而我们大清的军队，则是上天派来拯救你们的“奥特曼”。老百姓们见他们军容整齐，说话也和气，那种本能地对“侵略者”的仇恨也就自然消散了不少。值得一提的是，多铎当时的命令是允许老百姓们保留汉民族的发式和服装的，对主动剃发易服的“汉奸们”还表现出极大的鄙夷来。

可就算如此，当时江南各地反清武装斗争依旧此起彼伏。跟不讲道理的交流的方法就是比他们更不讲道理。多铎显然是相当同意这句话的。为此，他采用了一系列武力镇压的方式来稳定局势。所谓“扬州十日”“嘉定三屠”，就是多铎干的“好事”。虽然效果不错，但代价也很大。因为从咱们现代人的角度看来，没有一个人有资格可以随意剥夺他人的生命权。如此也足可见战争的残酷性，一旦卷入战争，就再也没有胜利者了。一将功成万骨枯。战争，原本就是一个充满悲剧性的词。

【剧情简介】

多铎受命前往蒙古科尔沁替多尔衮给未来的妻子小玉儿下聘。在草原上，他看见一个姑娘正对着一棵大树许愿。多铎对这姑娘一见倾心，心生好感。

可是，就在下聘之时，多铎却惊讶地发现了自己的心上人原来就是未来的嫂子小玉儿，心里又惊讶又失落。不过当他得知小玉儿是真心爱慕多尔衮，也就放弃了向她表达爱意的想法。因为他觉得只要看到她得到幸福，自己也就能幸福。

可多尔衮心中早已另有佳人，小玉儿注定无法得到真正的幸福。多铎对此忧心忡忡，常常提点多尔衮要对她好些。而他则默默地爱了小玉儿一辈子，直到死，小玉儿也不知道有一个人这样不求回报地对待她。[1]

【真相揭秘·滥情的公子哥儿】

为什么现在很多人都宁愿看八卦古装剧，而不喜欢看正儿八经的历史剧呢？因为八卦剧往往能够满足一个人对于爱情的全部幻想，它会为你创造一个最完美的另一半。就像多铎的爱情在电视剧被描述得十分纯粹美好一般，山有木兮木有枝，心悦君兮君不知，的确是个很凄美的故事。

可在真实的历史上，多铎却出名的多情，或者说是滥情。多铎死的时候只有三十五岁，却留下了十六个孩子，可见他并不是有些人心里一生只爱一人的专情男配。多铎的妻妾据史书上记载的一共是十一个。其中，福晋（正妻）先后娶了三位，前两位都出自博尔济吉特氏，第三位姓那拉氏。此外，还有侧福晋两名，庶福晋四名，侍妾两名。其中绝大部分妻妾都为他生过孩子，可见“雨露均沾”这四字，多铎是贯彻得十分到位的。

她们之中，来头最大的是多铎的继福晋达哲。这位蒙古格格是科尔沁大妃的女儿，和皇太极的皇后哲哲是亲姐俩，后来的孝庄太后都得管她叫一声姨。这辈分是有点乱，需要您自个儿慢慢地梳理一下。据《清初内国史档》中的记载，这位达哲福晋长得很对不起观众。

刚开始的时候，多铎是说什么也不想和这位丑女结婚，而且还得让她做正妻。可达哲身份的确很不一般，因而当时有很多哥们都劝他说，这姑娘长得虽然丑，但身份不低，你娶了她对你的事业也会很有帮助的嘛！（“女虽丑，系大福晋内亲，且又富贵”）后来，连皇太极都在其中掺和

[1] 以上剧情来自电视剧《美人无泪》。

了一脚，天下有哪个女人不会变胖变丑的（女岂不可变胖发福乎？），意思是说，就算给你个美女又如何？等生下孩子以后不也会变成黄脸婆吗？

这些理由听来也着实让人觉得哭笑不得。不过后来，多铎还是娶了这位丑女。至于是他被这些理由说服了，还是觉得家里多口人也没啥大不了，抑或是被那些说客们说得烦了，这就不得而知了。史书上并没记载多铎与这位丑女福晋的婚后生活，估计多数情况还是相敬如“冰”吧。不过对于多铎那个时代的贵族子弟来说，内有十几个小妾，外有几十个情人，也不是什么罪大恶极的事。多铎因为好色而引得后人诟病的其实是另外一件事。

崇德八年（1643年）十月，也就是皇太极驾崩后没多久，多铎就指使手下人抢了一个美貌的妇人到府里来，直说要让她来随身侍奉自己。强抢民女，那还了得！况且，这个妇人可不是一般的妇人，而是大学士范文程的妻子。

说到这范文程，的确是个难得一见的人才。可身为明臣却一心一意地帮着清朝做事，历史对他的评价两极分化相当严重。憎恶他的骂他是“汉奸”，像顾炎武就曾掷地有声地说他是“士大夫之耻，是为国耻”，而受了他恩惠的清人则将他捧上了天。就像康熙皇帝说的，“文程之策，可抵百万雄兵”。可见，清人得了范文程，也算是得了个宝。

如今，多铎居然全然不顾范文程的颜面，此事可大不可小。万一范文程也学那“冲冠一怒为红颜”的吴三桂，跑去为别人办事，那岂不是要多出许多麻烦事来了。想到此出，摄政王多尔衮就发了雷霆大火。当即就下令，罚了多铎一千两银子，并且夺了他手底下的十五牛录。这其实已经算是相当严重的惩罚了。多铎十分不满，想着不就是个女人？马背上的民族看上一个女人难道不能靠抢？瞧瞧这落后的强盗逻辑，和影视剧中那个活泼纯善的多铎小弟是不是没什么关系啊？

多铎是在三十五岁那年因为天花而死的，也算得上是英年早逝。不过，就因为太“英年”，而且死因还是痘症，似乎和多铎嚣张任性的个性不大符合，所以野史和八卦小说家就他的死因编造了一个又一个离奇的故事。不过，这些都不重要。重要的是，多铎死后，有两名妻妾吵着闹着要给他殉葬。不管您信不信，我反正是持保留态度的。

【相关史料】

豫通亲王多铎，太祖第十五子。初封贝勒。天聪二年，从太宗伐多罗特部有功，赐号额尔克楚呼尔。三年，从上伐明，自龙井关入，偕莽古尔泰、多尔衮以偏师降汉兒庄城。会大军克遵化，薄明都。广渠门之役，多铎以幼留后，明溃兵来犯，击之。师还，次蓟州，复击破明援兵。五年，从围大凌河城，为正白旗后应，克近城台堡。明兵出锦州，屯小凌河岸，上率二百骑驰击，明兵走。

…………

（顺治）二年正月，自成亲率步骑迎战，师奋击，歼其步卒，骑卒奔溃。及夜，屡犯屡北，凿重壕，立坚壁。师进，发巨炮迭战，自成兵三百骑冲我师，贝勒尼堪、贝子尚善等跃马夹击，屡破敌垒，尸满壕堑，械胄弥山野，自成精锐略尽，遁归西安，其将马世尧率七千人降。入潼关，获世尧所遣致自成书，斩以徇。进次西安，自成先五日毁室庐，挈子女辎重，出蓝田口，窜商州，南走湖广。

…………

多铎至南京，承制受其降，抚辑遗民。遣贝勒尼堪、贝子屯齐徇太平，追击明福王。福王复走芜湖，图赖等邀之江口，击杀明将黄得功，获福王。捷闻，上遣侍臣慰劳。

…………

（顺治）六年三月，以痘薨，年三十六。

——《清史稿·列传五·诸王四》

豫郡王多铎谋夺大学士范文程妻，事发，下诸王、贝勒、大臣鞫讯，得状。多铎罚银一千两，并夺十五牛录。肃亲王豪格坐知不发，罚银三千两。

——《清实录》

17. 四郎其实没绯闻

——"忙碌"雍正真面目

【个人简历】

姓名：爱新觉罗·胤禛

职称：贝勒、亲王、皇帝

民族：满

籍贯：北京

性格：复杂的多重性格

特长：权谋、治国、反腐

父亲：爱新觉罗·玄烨

母亲：乌雅氏

配偶：乌拉那拉氏

子：弘晖、弘昐、弘昀、弘时、弘历、弘昼、弘瞻、福宜、福惠、福沛

女：和硕怀恪公主，另有三女早夭，无封号

签名档：朕就是这样汉子！就是这样秉性！

大众印象：心机深沉，阴柔孤高，却对生命中的某一个女子念念不忘

参演剧目：《甄嬛传》《步步惊心》《宫锁珠帘》等

【剧情重现】

雍正元年，在一次选秀中，皇帝很看重一位名叫甄嬛的秀女，当场宣布"留用"，随后便册封其为莞常在，入宫伴驾。原来这位莞常在和雍正最爱的女子，已故纯元皇后长得有五六分相像，爱屋及乌，雍正对莞常在十分宠爱，风头甚至有超过原本最得宠的华妃的趋势。

这位华妃就是大名鼎鼎的大将军年羹尧的妹妹。雍正为了笼络住年羹尧，表面上对华妃百般宠爱迁就，却暗地里在赐给她的香料里加了一味能导致不孕的药。年羹尧被雍正赐死之后，华妃亦被幽禁冷宫。后来得知真相的华妃在无限的绝望之中触墙自尽。

后来，甄嬛查出了当年纯元皇后之死的真相，成功借雍正的手扳倒了现任皇后，终于成了后宫女人战斗中的最后赢家。[1]

【真相揭秘·关于雍正心中的那个女子】

雍正在前两年着实“忙碌”了一阵子，不仅忙着用各种阴谋诡计和兄弟们抢皇位，也忙着和不同类型的清宫戏女主们谈恋爱。这些女主虽然长相不同，性格不同，家世不同，但无一例外，都曾和雍正谈了一场轰轰烈烈的恋爱，并且令他一生也难以忘怀。

可在咱们真实的中国历史上，雍正可真没有那么多的绯闻。为什么呢？一来是因为忙。早年的时候，忙着争夺皇位继承权，等到当上皇帝了，又得努力地处理政务，当一个好领导。那是真没时间跟一些莺莺燕燕们打情骂俏，按照今天的说法，那是典型的“工作狂”。所以雍正的后宫和他爹康熙和他儿子乾隆相比，要单调许多。二来则是因为雍正的性格较为冷静自持，骨子里就没有浪漫细胞。您若想穿越过去和他谈情说爱，结果肯定会让您失望的。

雍正一生只有一位皇后，姓乌拉那拉氏，是十几岁的时候由康熙赐婚给他的。对于这样的“包办婚姻”，雍正谈不上乐意，也谈不上不乐意。因为像他这样的皇子，除了接受皇命娶一个门当户对的正妻之外，并没有别的选择。当然，感情是可以培养的。一个出身世家，受过良好教育的女

[1] 以上剧情来自电视剧《甄嬛传》。

子和一个宫廷“流水线”培养出来的皇子，不出意外的话，至少也总能做到相敬如宾。雍正和乌拉那拉氏的关系自然也是这样的。

这位乌拉那拉氏福晋既不像电视剧中的“纯元皇后”那般倾国倾城，单纯善良，也不像“宜修皇后”那样心机深沉，阴狠狡诈，而只是一个普普通通、适合宫廷生存的女子，有着温良恭俭的传统封建妇女的美德，也能够应付妻妾妯娌间一些鸡毛蒜皮的琐碎事情。并且她还很“争气”，在和雍正成婚六年后，顺利地为其生下了长子弘晖，虽然这个可怜的孩子活到八岁就夭折了。不过，并不是死于宫斗，而是因为得了急症。毕竟那个时候的医疗水平有限，“不治之症”太多了。雍正对弘晖的死颇感伤心，不过对乌拉那拉皇后倒也是一如既往地敬重。那些因为孩子夭折就失宠的故事也就只能发生在影视剧中。

雍正九年九月，乌拉那拉皇后薨逝，谥号为“孝敬宪皇后”，葬于雍正的陵墓泰陵。生荣死哀，她这一辈子过得也算值得了。可若说雍正对她有多少感情，又是如何念念不忘，恐怕还不至于。说及此处，您可能会有些失望，难道那位影视剧中被众红花包围着的花王真的就没有一个真正的红颜知己吗？如果真要说，勉强算有一个吧。

她就是大名鼎鼎的年大将军年羹尧的妹子年贵妃。影视剧中为了凸显雍正与女主们的真爱，这位年妹子要么被强行安排去打酱油，要么被冠以小肚鸡肠、阴狠毒辣的性子。想来也是欺负人家妹子不可能站出来为自个儿辩解。其实，年妹子绝对是个软妹子，是大多数男子都无法抗拒的那一类小女生。

雍正元年，年妹子就被册封为年贵妃，在后宫的地位仅次于皇后。后来，在册封她为皇贵妃的册书中，雍正是这么写的——秉性柔嘉，持躬淑慎。在藩邸时，事朕克尽敬慎，在皇后前小心恭谨，驭下宽厚平和。皇考嘉其端庄贵重。简单说来就三个意思：一是说她性格温柔，对下宽容，二是说她对自己和当家主母皇后谦逊受礼，三是说我爹也夸过她的人品性格。配合史书上其他关于雍正对年妹子态度的其他记载，这段话里所说应该不存在多大的夸张成分。

年妹子大约在康熙五十年左右的时候进去雍亲王府做侧福晋的。那时的“九龙夺嫡”已经进入了白热化的阶段，身心都很疲惫的雍正每天回府能有这么一个温柔多情又善解人意的侧福晋相陪，想来心情应该会放松许多。那个时候的年妹子大约是王府中陪伴雍正最多的一个女人。为什么呢？因为在康熙五十四年到雍正元年这七年中，只有年妹子为他生过孩子，且一生就是四个，一女三男。可惜，可能是因为年妹子本身体质较弱，这四个孩子都没有活到成年。其中活得最长的是八阿哥福惠。

大伙都知道，雍正的儿子都是“弘”字辈，所以这福惠应该只是个小名。不知道是因为爱屋及乌，还是福惠这孩子本就讨人喜欢，雍正对他宠爱非常，程度至少不亚于对弘历，也就是后来的乾隆皇帝。福惠死的时候只有八岁，雍正伤心不已，下旨以亲王之礼厚葬。乾隆后来提到这事的时候也说过“朕弟八阿哥，素为皇考所钟爱”。

谈到这儿，大伙就要说了，雍正宠爱年贵妃那是为了要笼络年羹尧呀！真的是这样吗？年羹尧的确是雍正的左膀右臂，帮了他不少的忙。但是若要用一个女人来维系这层君臣主仆关系，是像雍正这样骄傲自负的皇帝所不屑于去做的事情。

所以，这里的逻辑您可能得要重新梳理一下了。雍正并不是因为年羹尧的原因才喜欢年妹子，恰恰相反，是因为年妹子的原因，他才暂缓了对骄横跋扈的年羹尧的处置。因为那个时候的年妹子已经重病缠身，又由于接连丧子，心情低落到了极点，雍正实在不忍心在此时出拳对付她的兄长。所以他一直等，等到年妹子香消玉殒，葬入泰陵之后，才将新账旧账一起翻出来治了年羹尧的罪。

作为一个皇帝，尤其是像雍正处事毫不讲颜面的皇帝来说，这样对待一个女子，应该算得上是真爱了吧。不过，如果您还是坚持觉得雍正对年妹子仅仅只是利用和逢场作戏的话，我当然也能表示充分的理解和尊重。

【剧情重现】

雍正喜欢刚入宫的贵人沈氏的大气稳重，对她的赏赐不断，知道她最喜欢菊花，就将宫里稀有的绿菊都给了她，并且将她所在的居所改名为“存菊堂”，还特意让她学习管理六宫的事宜。

因为莞贵人甄氏生得颇像雍正最爱的纯元皇后，雍正对她也很看重，特意将江南进贡的蜀锦制作成玉鞋送给她做礼物。在莞贵人生日的当天，雍正为她在宫中举办了一个隆重的宴会，在冬日里将满池的荷花给她做惊喜，让各宫妃嫔们羡慕嫉妒恨。

除了这两位，雍正还喜欢着单纯娇憨的淳贵人、温柔可人的安贵人、清丽秀气的瑛贵人，清冷美艳的宁贵人等。这些女人们为了得到他的宠幸而相互争斗，雍正也乐得接受她们的巴结和讨好。[1]

【真相揭秘·工作狂雍正的实干精神】

说这段的时候，咱们都先了解一件很重要的事。那就是不管在雍正夺位的过程中发生过什么，也不管作为一个胜利者，他那样对待失败者的做法是否过于残忍[2]，但他绝不是影视剧中描述的那种沉迷于一些小情小爱，并且被女人们要得团团转的后宫“男公关”，他是个非常勤政，也非常能

---

[1] 以上剧情来自电视剧《甄嬛传》。

[2] 雍正在继位之初即幽禁了皇位争夺战中的对手八阿哥胤禩，九阿哥胤禟，将同母弟十四阿哥胤禵罚去守皇陵。

干的好领导人。

雍正登基的时候虚岁已经四十五岁了。这在当代正是能干大展宏图的年纪，可在清朝这绝对算是暮年了。然而，暮年上位的雍正同志的体力和精力还是相当惊人的。有数据有真相！现存的由雍正亲自批改的奏折共有三万五千多件，总字数达到三千八百多万字。

咱做个简单的除法就可以得知，他每天批复的“作业量”达到了八千字。那可是用毛笔写成的，和今天用电脑打印出来的速度可差得太多了。更何况，雍正批语质量都是相当高，有些还相当的好玩有趣。这个我们可以过会儿再详谈。

一般而言，像雍正这样对自己严苛的人对待别人也会同样的严苛。在雍正的眼里可容不下半颗沙子。对于一个国家而言，所谓沙子，指的就是贪官污吏。雍正对贪官污吏的处置可是很可怕的哦！

早在雍正元年的时候，雍正就在原有的政府体系中加了一个名为“会考府”的机构，挑选了几个信得过的“公务员”在其中任职。这个机构的职能说白了就是审核中央各部门的钱粮上交以及开支报销问题。会考府的官员们相互监督，直接对皇帝负责。行之有效地杜绝了底下官员的一些瞒报漏报的情况。

凡是被认定为具有贪污行径的官员，一律从严从重处置。怎么处置呢？就两个字——抄家。您可不要小看了这两个字。雍正一旦要抄哪个官员的家，那定然得要抄得他家徒四壁，把埋在地底下的棺材本钱也非抄出来不可。你不是喜欢贪吗？我偏要你做一个连街头要饭的乞丐都不如的穷人。如果有人求情，那更好，连求情的人一起抄家，家产全部充入国库。

这样铁面无私的冷血皇帝，谁见了身子都得抖一抖。不过这也怪不得雍正，因为他刚登基的时候，国库就亏空得十分厉害。谁让他老爹康熙大帝是个出了名的宽仁之君呢？宽仁当然也有宽仁的好处。你犯了错，得罚！你认错了，好吧，那你去写份检讨书，下次不要再犯就行了。如此，君臣相乐，挺和谐的。可和谐的背后是越来越多的蛀虫在慢慢地往上爬，短时间内还不会有大问题，等到蛀虫越来越多，那肯定就得出问题呀！所以，雍正的铁血政策在当时是非常及时，也是非常必要的。

在这样的严打之下，有些贪官们自知逃不出这位魔鬼一般的皇帝的手。于是，便想出了一个办法——畏罪自杀。他死后，那些贪污而来的钱财自然就“继承”给了他的子孙后代们。死了一个，造福三代。好一种“大无畏”的精神！可这样的心思在雍正那里是绝对行不通的。有些事情，是不能因为死亡而一笔勾销的。你去阎王那里报到了，你的儿子孙子可没有。那好，他们的财产也得一一充公。我可不管这些财产是非法榨取，还是合法所得。一刀切，那是雍正法典里最常出现的三个字。他要树立的是这样一种理念：要么好好地当一个正直的清官，虽不会大富大贵，但小康肯定是有了；要么就铤而走险地捞点小钱玩玩，那我定会让你们全家几代也翻不了身。

真是够狠的！可这样的狠是有回报的。雍正只用了短短五年的时间，就把国库里的存银从继位之初的八百万两增加到了五千万两，那是坐着神舟十一号往上冲的速度啊！大臣们已经完完全全地领教了这位新君想要反腐的决心，一个个都老老实实地做着“人民公仆”，连同事间的往来聚会也是能免则免。毕竟，钱财再怎么着都比不上小命重要呀！

可是就算如此，也还是会有几个要钱不要命的官员偏偏要顶风作案。雍正为了杀一儆百，在处置他们的时候还特意让一些官员去观刑，给他们上了一课直观形象的反腐教育课。如此，一些保有侥幸心理的人，也再不敢往这上头去想了。如此，虽然连雍正也不敢拍胸脯说他的朝廷中就没一个贪官，但纵观清朝三百年，雍正朝的官员风气的的确确是最清正的，哪怕他们的“不贪”的根本原因只是畏惧雍正手上的那把刀，但人只要有畏惧的东西，就说明他还有救。一个无所畏惧的坏人那可是最可怕的。

这个时候，您可以再回过头想想影视剧中那些个为了讨好妃子们绞尽脑袋瓜想金点子的雍正形象，是不是和历史上真实的雍正差了孙猴子一个跟斗的距离呀？不过，您如果觉得雍正就是这么一个冷冰冰，只是抄家杀人的皇帝的话，那您恐怕也是大错特错了。

【剧情重现】

雍正怀疑自己被熹贵妃和弟弟允礼戴了绿帽子，进而又怀疑自己当了便宜老爸，生气之余，下定了决心要允礼的命。于是，雍正就将这个光荣的任务交给了熹贵妃。熹贵妃不忍心杀死自己的爱人，允礼为了不让她为难，自己喝下了毒酒而死。

眼见爱人惨死于自己的怀里，熹贵妃悲恸不已，同时对罪魁祸首的雍正恨之入骨。暗恋允礼的宁嫔得知允礼之死的真相之后，和熹贵妃联起手来，指使太医院的太医暗地里给雍正下了慢性毒药。

在雍正病重弥留之际，熹贵妃故意将宫妃与侍卫偷情，几个孩子都非他亲生的事情告诉了他。雍正在巨大的刺激之下，登时就驾崩了。熹贵妃便扶持了养子弘历登基为帝，自己则成了皇太后。[1]

【真相揭秘·爱好广泛的雍正和他的冷幽默大全】

在雍正很忙的大背景下，咱们可以发现，另一个人也很忙，他就是雍正的十七弟果亲王允礼。这位果王爷传说有着一流的人品和学识，长得又帅，深得康熙爷的喜欢，所以同时也深受雍正爷的嫉妒，所以后来就把他给害死了。这个逻辑其实没多大问题，但和历史的真实相比，出入可就太

[1] 以上剧情来自电视剧《甄嬛传》。

大了。

“九龙夺嫡”的时候允礼不过是个十几岁的小少年，没这心思，也没这能力去跟一群如狼似虎的兄长们争皇位。事实上，雍正对这个弟弟的态度一向不错，在给予充分信任的同时，也给了他相应的实权，不仅先后让他掌管着工部和户部，在临终之前还亲命他辅政大臣。可以说雍正对这个弟弟的看重程度，恐怕也就只有和他同甘共苦过的怡亲王允祥可以相比了。

其实，人们从雍正继位后幽禁兄弟的做法，推导出雍正是个阴狠残忍的人，是很不公平的。帝王家的权力斗争向来都是成王败寇，你死我活的。说句实话，作为占总人口绝大多数的劳苦大众，我管你的皇位是怎么得来的，我只要你能够为老百姓干实事，我们的生活在你的治理之上更上几层楼不就行了吗?

历史证明，雍正这个皇帝的确干得非常好。历史也证明，人的性格的多面性在雍正的身上体现得淋漓尽致。从现存由雍正批阅过的折子中，咱们可以清楚了看到这位铁血皇帝潜在的冷幽默和真性情——

朕就是这样汉子！就是这样秉性！就是这样皇帝！尔等大臣若不负朕，朕再不负尔等也。勉之！

这是雍正给田文镜上折的批复。非常直率，也非常感性，活脱脱就是江湖上拜把子兄弟之间的口吻。简直就是雍正为自己量身打造的签名档，真是太有意思了。

再看另一条：

汝以朕为可欺乎？汝忘朕即位之时，已年过四十矣，官吏情伪朕尽知之。朕在藩邸时，即知汝名曾列弹章，汝又送朕礼物，冀朕在大行皇帝前转圜。汝此后其小心谨慎，一举一动，不能逃朕之洞鉴也！

看着挺正经的，但是一旦翻译成咱们今天的话就“不正经”了——我登基的时候就已经是个四十好几的大叔了，你还当我是三岁小孩一样骗啊！你以前在我爹面前说我坏话的事我记得，你贿赂我，让我向我爹请求的事我也记得。你以后可得夹着尾巴做人，你的一言一行可逃不过本皇帝的法眼！

能把自己的“小心眼”说得这么肆无忌惮的，可见雍正的性格中的确是有纯真可爱的一面的。

咱们再接着看：

从来君臣之遇合私意相得者有之，但未必得如我二人之人耳。总之，我二人做个千古君臣知遇榜样，令天下后世钦慕流诞就是矣！

这么“基情”满满的话是雍正对年羹尧说的。雍正骨子里是奉行有恩必报、有仇也必报的思想的。所以重用年羹尧的时候是真心的，一旦年羹尧翘了狐狸尾巴，他想要结果他，也是真心的。

前头咱们也说过，雍正是体力和精力都十分充沛。因为在努力工作的间隙，他还有很多超前、有趣的兴趣爱好。其中最让人大跌眼镜的一个爱好是cosplay（角色扮演）。从汉人学士、山野村民，到垂钓渔夫、打坐高僧，甚至到西洋骑士，雍正把所能想到的职业几乎全都cosplay了一把，还让一个油画大师把他扮演过的人物一一画了下来。估摸着每天晚上睡觉前都得抚摸抚摸，欣赏一下自己的绝世美颜。

雍正的另一个叫人啧啧称奇的爱好是养狗。雍正养了很多的狗，其中最得他喜欢的两条狗分别名叫“造化”和“百福”（这名字当然也是雍正的金口所起的）。雍正没事的时候就喜欢抱着它们在御花园里遛弯晒太阳。您不妨闭上眼睛想象一下，一个四五十岁的硬汉皇帝和哈巴狗们一起玩耍的场景。反差萌也是挺大的！

等到冬天来了，雍正看着这俩小家伙没有衣服穿，怕它们冻着，便亲自帮它们设计衣服，亲自盯着底下的人按照他所绘的设计图裁制衣服，一旦被他发现哪个地方偷工减料了，就立马送给他们两个字——重做！委屈了他也不能委屈了他的狗呀！这恐怕就是雍正当时的心理活动了。

雍正眼睛不大好使，估计是有如今老年人常见的老花眼疾。眼睛可是人心灵的窗户啊！窗户坏了，可不得赶紧让人来安个玻璃嘛！于是，雍正就让匠人们为他定做老花眼镜。雍正的老花眼镜有很多，书房里一幅，卧室里一副，御花园好几副，嫔妃卧室里再好几副。如果不是因为自己记性不好，所以多配些备着，就是有收藏眼镜的癖好。比起收藏金银细软，这样的癖好也算是很小清新的了。

如此看来，雍正的人设也当真成谜。不过这也没什么奇怪的。每个人的内心其实都藏着很多个小宇宙，它们会在特定的时间，特定的场合中选择爆发，只要它们能够和谐相处，那这个人就定是个人格健全的好人。雍正想来也算是个好人吧！

【相关史料】

世宗敬天昌运建中表正文武英明宽仁信毅睿圣大孝至诚宪皇帝讳胤禛，圣祖第四子也。母孝恭仁皇后乌雅氏。生有异徵，天表魁伟，举止端凝。康熙三十七年封贝勒。四十八年封雍亲王。

六十一年十一月，圣祖在畅春园不豫，命代祀圜丘。甲午，圣祖大渐，召于斋宫，宣诏嗣位。圣祖崩。辛丑，上即位，以明年为雍正元年。命贝勒胤禩、皇十三弟胤祥、大学士马齐、尚书隆科多总理事务。召抚远大将军胤禵来京。命兵部尚书白潢协理大学士。以杨宗仁为湖广总督，年希尧署广东巡抚。

——《清史稿·本纪九·世宗本纪》

宪皇在位十三载，日夜忧勤，毫无土木、声色之娱。余尝闻内务府司员观豫言，查旧案档，雍正中惟特造风、云、雷、雨四神祠，以备祈祷雨旸外，初无特建一离宫别馆以供游赏。故当时国帑丰盈，人民富庶，良有以也。

…………

康熙间，仁皇宽厚，以豫大丰亨以驭国用，故库帑亏绌，日不暇给。宪皇即位后，综核名实，罢一切不急之务，如河防海塘等巨费，皆罢不修，体恤民力。特置封桩库于内阁之东，凡一切赃款羡余银两，皆贮其内，至末年至三千余万，国用充足。每令直省将天下正供粢米随漕以入，故仓庾亦皆充实，积贮可供二十余年之用，真善为政理也。

…………

上于即位后，虑本章或有所漏泄，故一切紧要政典俱改命折奏，皆可封达上前，无能知者。上于几暇，亲加批览，或秉烛至丙夜未罢。所批皆动辄万言，无不洞彻窾要，万里之外有如觌面，奖善服奸，无不感浃肌髓。后付刻者，只十之三四，其未发者，贮藏保和殿东西庑中，积若山岳焉。

——《啸亭杂录》

18. 也算是个有情有义的好男人

——"风流天子"乾隆真面目

【个人简历】

姓名：爱新觉罗·弘历

职称：亲王、皇帝

民族：汉

籍贯：北京

性格：心思缜密，骄傲自信

特长：治国、骑射、书法

父亲：爱新觉罗·胤禛

母亲：钮祜禄氏

配偶：富察氏、那拉氏

子：永璜、永琏、永琪、永琮、永瑆、永琰等十七人

女：固伦和敬公主、和硕和嘉公主、固伦和静公主、和硕和恪公主、固伦和孝公主等十人

签名档：十全皇帝的人生没有遗憾

大众印象：和蔼可亲，但也多情好色的皇帝

参演剧目：《书剑恩仇录》《还珠格格》《甄嬛传》等

【剧情重现】

红花会总舵主于万亭闯入皇宫见到了乾隆皇帝，告诉他一个有关他身世的故事。原来乾隆并非是大清皇族血统，而是被换雍正偷换来的海宁陈家的儿子。乾隆听到之后震惊不已，于万亭也因此而丧命，临终之前将总

舵主之位传给了义子陈家洛，也就是乾隆的亲弟弟。

陈家洛得知乾隆的真实身份之后，几次三番找到乾隆，希望他能够和红花会一起反清复明，恢复汉人的统治。乾隆假意答应，但心里却存了利用陈家洛，将红花会一网打尽的心思。

直到陈家洛的心上人香香公主以死告知他乾隆的阴谋之后，陈家洛才惊觉不该再相信乾隆，同时决定带着红花会的兄弟们进宫找乾隆报仇。谁知乾隆早有准备，并且设下埋伏，红花会成员死伤大半，从此消失在了江湖中。[1]

【真相揭秘·有头脑也有智慧的天子】

早年金庸老爷子的一支妙笔，加上后来编剧们的锦上添花，乾隆的身世从此就变得格外曲折离奇。乾隆好色、阴险、忘恩负义的小人形象被塑造得很成功。然而，如果让从清朝穿越过来的乾隆看到，他一定会气得吹胡子瞪眼——朕堂堂大清国的“十全天子”，难道就是这么个乱七八糟的形象吗？

乾隆的历史形象当然不可能是完美不缺的，但总体而言，他还是个很有理想，也很有能力的皇帝。至于那个曾经流传很广的关于乾隆身世的换婴[2]传说，研究历史的老前辈们已经说得相当透彻了。总而言之就一句话，雍正没那么蠢！

比起老爹在虎狼中杀出一条血路才登上皇位，乾隆迈向那把龙椅的

[1] 以上剧情来自电视剧《书剑恩仇录》。

[2] 野史传说，雍正想得到一个儿子，将刚出生的女婴和海宁陈家的男婴对换，这个男婴就是后来的乾隆。

脚步可就要轻松愉快很多了。他早早被雍正秘密地立为储君，雍正驾崩以后，他也顺顺利利地完成了权力交接的手续。那一年，他二十五岁。不论是当时还是现在，都是相当适合大展宏图的年纪。

事实上，也的确干得不错。乾隆登基后做的最重要的一件事就是给他那几个被雍正打趴下了的叔叔们平反。比如，将被逐出宗室的八叔允禩和九叔允禟以及他们的子女们恢复皇族身份，将被判“无期徒刑”的十叔允俄和十四叔允禵恢复自由之身。这是一种高姿态，也是有自信心的一种表现，对于在短时间内聚拢人心能起到相当不错的效果。

除了“政治犯”以外，乾隆还启用了一些原来被革除公职的“经济犯”们，比如，让彭维新就职左都御史，让张楷就职礼部侍郎，让陈世倌（野史中乾隆的亲爹）就职副都御史等等。这些人原本以为这辈子都没指望了。没想到领导换了，他们的好日子便也跟着来了。为了报答领导的知遇之恩，只有更加勤勤恳恳地工作。

人心的事情解决了，接下来就是政策的问题。乾隆思前想后，决定要好好地动一动老爹一贯施行的严刑峻法。为什么呢？这其实是一种很微妙的政治智慧。比如一根弦，一直不去拉，就会失去弹性，可拉得太紧，就会断裂。雍正当年的严苛之政是因时制宜，乾隆拟定采取的宽仁之政也是因时制宜。有人要说了，这不是摆明了在打他爹的脸吗？并不是这样的。因为乾隆一直强调的是宽严并济，采用的是介于康熙和雍正之间的一种为政举措。历史证明，这一举措的效果还是不错的。

内部政治事务打理得差不多了，接下来，乾隆开始把目光投向了远方。毕竟，一个强大的国家为了证明自己的强大，所靠的其实是军事实力。

在乾隆继位后不久，他就派了名将张广泗前去镇压苗疆的叛乱。其实说是镇压，也不全靠武力。尽管乾隆朝不差钱，军事装备也不差，要打一场酣畅淋漓的仗也不是不可以。但是要打得人家，尤其是民风彪悍的苗疆人们心服口服，那绝不是一件容易的事。于是，乾隆授意张光泗在平定叛乱之后，免除了苗民的部分赋税，尊重他们特有的民族传统，选择他们信任的长老做首领。这样诚心诚意地示好，就算百炼钢也会化为绕指柔。如此，苗疆算是彻底地稳定下来，乾隆终于可以跷着二郎腿，长长地舒出一口气了。

其后，在平定西藏叛乱、大小金川之战、大小和卓之战中，乾隆采取的也都是类似的方案。你不乖，你惹我，我当然得反击，而且是往死里打，等到你真的被我打得动弹不得之后，我就一定要来安抚安抚你，给你点甜头尝尝。西方人管这叫“胡萝卜加大棒”政策，咱们的大白话则叫作“打一拳，揉一揉”。乾隆懂得这个道理，也运用得很娴熟，所以他的军事行动大多完成得很漂亮。

乾隆晚年将他一生中打得最漂亮的十场仗称作“十全武功”，管自己叫作“十全老人”，还将一个小县城改名为“十全县”。十是圆圆满满的数字，乾隆喜欢这个数字，对自己一生的政绩那是相当得满意。虽然这“十全武功”中并不都是“干货”，虽然乾隆晚年的执政错误也很多，可咱们读历史都有全局观。评价一个人，只要他的功大于过，我们就应该对他予以肯定。而乾隆显然是一个值得去肯定的人。

【剧情重现】

乾隆带着太后、嫔妃和子女以及大臣们南下江南。一路上，乾隆处置了不少的贪官污吏，受到了当地老百姓们的欢迎。在前往杭州考察民情的时候，乾隆在西湖邂逅了当地名妓夏姑娘。夏姑娘能歌善舞，性格外柔内刚，乾隆非常喜欢她。

皇太后听说这件事后大为恼怒，觉得皇帝“拈花惹草”太有失体统。但乾隆觉得夏姑娘的容貌和性情都和他年轻时遇到的几个爱而不得的女子十分相像，便铁了心要带她回宫，并且直接将她封为贵妃。为此，乾隆不但开始和太后冷战，和几个子女也闹得也不大愉快。

最后，还是乾隆的皇后那拉氏想出了一个绝招，用血书劝谏皇帝不要让此等青楼女子进宫。乾隆看到以后，仍旧不为所动。那拉氏后来断发明志，乾隆大怒，但终于还是放弃了将夏姑娘带回的想法。[1]

【真相揭秘·他其实很长情】

不论在电视剧还是在野史中，乾隆的感情生活都不可谓不丰富多彩。传说，他六下江南，就是为了寻访各式各样的江南美女，并且和这些江南美女们发生过一段段浪漫的故事，甚至还在民间留有私生子私生女。然而，这些传说毕竟只是传说而已。所谓的浪漫不过也只是多情文人们的一种想象而已。乾隆的南巡并不只是为了游山玩水，而是有其安定江南、笼络江南文人的政治上的考量的。

事实上，乾隆虽然有为数不少的后妃，然而，让他付出了真感情去爱和怀念的却只有一个人，那就是他的原配妻子富察氏。富察氏嫁给乾隆的时候只有十六岁，比乾隆小一岁。这对年龄相仿的小夫妻打从结婚开始感情就非常好。按着今天的讲法，他们应当算是彼此的“初恋”。初恋总是美好而又甜蜜的。富察氏出身满洲镶黄旗富察家，那可是一等一的贵族。这样家庭中教出来的女儿绝对是真正的大家闺秀。不仅能诗能文、性格温婉，而且又有中华民族女性的传统美德——勤俭节约。和当时身为皇子的

[1] 以上剧情来自电视剧《还珠格格·第三部》。

文艺青年乾隆真算是天造地设的一对。

婚后一年，富察氏生下了乾隆的长女，其后两年，又生下了乾隆最喜欢的儿子永琏，又一年，次女就紧跟着出生了。儿女双全，当真是这世上最美好的事情了。等到乾隆登基以后，富察氏就顺理成章地成为母仪天下的皇后。夫妻俩依旧恩恩爱爱，就像新婚时那般甜甜蜜蜜。然而，世事总难全。乾隆与富察氏的长女、长子，以及乾隆十一年才出生的次子因为身体、环境、医疗水平等原因相继离世。受到接二连三打击的富察氏一病不起，于乾隆十三年在济南香消玉殒。

说及此，有个事情想和大伙顺便聊一下。在电视剧《还珠格格》中，乾隆正是在美丽的山东济南大明湖畔遇见了汉女夏雨荷，并且有了一段露水姻缘。二十多年后还带着夏雨荷的女儿回到济南祭拜。这个故事的地点选择其实是很值得商榷的。因为富察皇后在济南薨逝，所以乾隆恨透了济南，发誓一辈子都不会再到济南去（济南很冤）。

话说回来，乾隆因为富察皇后的死悲恸不已，一连写下了几百首悼亡诗。其中最有名的是一篇名为《述悲赋》的文章。乾隆一生中共写了四万多首诗，是历史上写诗数量最多的人，但实话实说，乾隆的诗写得都不怎么样。但只有这《述悲赋》一首算得上是上乘之作，而且内容虽然朴实，但极为感人至深，因而被载入了《清史稿》上，流传千古。“影与形兮离去一，居忽忽兮如有失。”那是睡在里梦里也忘不掉她呀！

在另一首《悼皇后》的诗中，乾隆更是写下了这样两句诗：“早知失子兼亡母，何必当初盼梦熊。”意思是说，早知道生孩子会让我失去你，那当初还不如不要孩子。这种话从一个极看重子息的封建帝王的口里说出来，已经是相当得不容易了。

因为皇后是在龙船上病逝的，所以乾隆就让人把这艘船运进北京城里让他留个念想。那是相当任性的要求。这可把底下那群干活的人愁坏了，那么沉那么大的一艘船，该怎么把它弄进去啊？乾隆可不管，你们就算把北京城的城门给拆了，也得完成任务。底下人听了惊得脸色都发青了。得得得，那可是您说的。反正北京城那是您自个的家，城门的维修费反正也得是您出。

接下来是皇后的丧仪。那绝对是件麻烦事。不过在乾隆看来也容易，就一个口号——风光大葬，让皇后在另一个世界里也能开心开心。据不完全统计，这场轰轰烈烈的丧仪总花费大概为三十万两银子。这是什么概念呢？清朝中叶的一两银子约等于如今的三百元人民币。三十万两无异于是个天文数字了。

花钱能说明什么呢？摆阔谁不会呀？肯定有人会这么说。乾隆对于富察皇后的怀念当然不只是体现在花钱上。所有关于皇后的祭礼，不管是大礼还是小礼，乾隆都是亲自参与祭拜，而且延续了很多很多年。据说，直到乾隆八十岁的时候，还亲往富察皇后的墓前祭拜。可见这份真爱不虚。

不过在乾隆看来，自己悲伤还不够，他得让全天下的人陪着他一起悲伤才好。如果有谁不悲伤，那就罚！狠狠地罚！其中，首先遭殃的是他的两个亲儿子，大阿哥永璜和三阿哥永璋。这俩倒霉孩子就因为哭得不够认真，被乾隆点名教训，连带着他们的师傅们也跟着被扣了工资和奖金。接着，乾隆又埋怨光禄寺给皇后的祭品“不洁”，工部准备的皇后册宝“粗陋”，礼部对典仪的细节认识得不够充分。总之，又有一大批的相关责任人受到了行政处罚。

大概是怕如此疯狂的举动会让引得天下士人的反感，乾隆还特地解释了一下：“朕于孝贤皇后情谊隆重，固天下臣民所共知，而经纪丧仪，从不肯以一毫私意，稍紊典常。”意思是说，我们夫妻感情要好，你们都知道，我这么做也是人之常情。潜台词是，你们要给我闭嘴！

很多历史学家都认为，乾隆的性格从富察皇后去世的那年起就发生了翻天覆地的变化。以前他无论对待后妃子女，还是对待宗亲大臣都比较宽仁温和，现在他的脾气逐渐变得喜怒无常，令人难以琢磨。人的性格真的会因为一个女子的死而改变吗？或许，真的会吧！

【剧情重现】

因为四阿哥弘历是雍正做皇子时与一个地位卑贱的宫女李金贵所生，所以雍正很不喜欢这个儿子，一直将他放在圆明园里不去管他。雍正宠妃莞嫔偶然在圆明园遇见了四阿哥，软语宽慰四阿哥要好好努力上进，才能得到皇帝的喜欢，四阿哥很是感动。

很多年后，莞嫔成了熹妃。雍正为了提升熹妃的地位，枉称四阿哥是熹妃的亲生儿子。也因为熹妃的缘故，四阿哥逐渐得到了雍正的重视。雍正驾崩之后，众臣都以为熹妃会将自己的亲生儿子六阿哥扶上皇位，可熹妃却说雍正早已有旨，让四阿哥继位。

四阿哥就这样成了乾隆皇帝。他表面上对成了太后的熹妃尊重有加，但心里却总和她不亲，毕竟太后有自己亲生的儿子。母子感情十分冷淡。[1]

【真相揭秘·古今难得一见的大孝子】

乾隆不是熹妃亲生儿子的谣言随着影视剧的传播而广为流传，然而谣言也终究只是谣言而已。虽然熹妃钮祜禄氏并不十分受宠，也没有在雍正的后宫中掀起什么大的波澜，但是好在，她也没有那么大的野心，所求的

---

[1] 以上剧情来自电视剧《甄嬛传》。

不过也只是太太平平地过一辈子。

雍正还是亲王的时候，钮祜禄氏只是王府中的一个小小格格，连侧福晋都算不上。有一回，康熙来到雍亲王府考察工作，随便看看儿子孙子。正是在这一次，康熙见到了弘历。对于这个长相清俊、谈吐有礼的孙子，康熙那是怎么爱也爱不够。于是他就要问了，这孩子的额娘是谁啊？走过来瞧瞧！钮祜禄氏这才恭恭敬敬地走上前来给公爹请安。康熙一见她，连连说，这是个有福之人。

钮祜禄氏真的是有福之人，说她是中国历史上最有福的太后也不为过。因为尽管乾隆身上有不少黑点，但唯有孝顺一条，他却能轻松秒杀几乎所有的历代皇帝。雍正十三年（1735年）八月，乾隆在父亲灵前即皇帝位，尊生母钮祜禄氏为皇太后。这已然是封建女性所能达到的极品高位了。钮祜禄氏心满意足。然而，她所享的福气才刚刚开始。

虽说比之当年“九龙夺嫡”的惨烈，乾隆的即位可谓顺风顺水，名正言顺，可新官上任尚且还要放三把火，何况是皇帝上台？内要整顿吏治，外要平定边疆叛乱，他实在很忙。不过就算再忙，每天早晚，他都要来到太后所住的慈宁宫内，像普通人家的儿子那样，和母亲唠唠嗑，闲话闲话家常。这让老太太十分受用。

有一次，笃信佛教的老太后无意间对儿子讲，京城顺天府东面有个佛寺需要修缮一下了。乾隆听后，当即下令拨款重建，并且将主管此事的几位官员叫来训斥了一番，说这种小事还需要太后惦记，着实也太不应该了，以后可要长点心了。

母亲随口一说，儿子却能放在心上。爱母之情，可见一斑。

虽然所有关于乾隆与民间女子的绯闻几乎都是后世小说家们的杜撰，但在乾隆在位期间，确实很喜欢大江南北地到处巡游。论公是为了深入民间，了解百姓疾苦，论私是为了丰富自己的业余生活。

每每出门，无论远近，乾隆总要带着母亲一起去。或许是他想着母亲半辈子被禁锢在皇城根下，现在年纪大了，总该让她也饱览一下儿子治下的美丽山河吧。

和那个时代同龄的贵族妇人不同，这位老太太精力十分充沛，也非常爱出门旅游。在她的一生中，曾经三次游历泰山，三次登临五台山，四次到江南各地游玩。而这个时候，除了要处理日常必须处理的公务之外，乾隆几乎都会陪在老太后跟前作为向导和陪聊人员。据说，乾隆每次巡游路过寺庙的时候，都要进去虔诚祷告，希望母亲能够健康长寿。

不消说是九五之尊的皇帝，就算是平常贵族家庭的儿子，能够做到这一点，也算相当不容易的了。

乾隆三十六年（1771年）十一月，是钮祜禄太后的八十大寿。古话说得好：人生七十古来稀。那八十岁岂不是仙人之寿了？乾隆看着自家老母亲在耄耋之龄依然身体矍铄，心里简直像抹了蜜一样甜。

可是与其同时，问题来了！该为老母亲准备一个怎样的生日宴会呢？乾隆回忆了一下，太后六十大寿的时候，自己送了座清漪园给老人家赏玩歇息，太后七十大寿的时候，又建了条仿江南风格的苏州街当生日礼物。如今八十大寿，要的可就是新意了！乾隆脑中灵光一闪，计上心头。

那一日，乾隆骑着一匹高头大马做前导，带领着众多皇子皇孙们齐齐到寿安宫中给太后祝寿。这“寿安”二字，亦是当年乾隆亲自所提。晚宴上，六十岁的乾隆突然身着一席彩衣在殿内翩翩起舞，惹得老太后开怀大笑。乾隆明白，作为一个高寿老人，此时最需要的不是物质上的享受，而是真正发自内心的快乐。事实证明，乾隆的这个金点子得到了超乎想象的效果。

为此，乾隆还特意写了两首诗来纪念这一鼓乐喧天的热闹场景。其中有两句是这么写的：“六旬帝子八旬母，史策谁曾见此情。”六十岁的皇帝，八十岁的母亲，你们谁见过？骄傲之情溢于言表。

然而，分别的一天终究还是到了。

乾隆四十二年（1777年）的冬天，正在圆明园避寒的老太后突然病倒了。因为刚刚平定了四川的大小金川叛乱，还有诸多的后续事情需要交代，又因为只是风寒这样的常见病，所以乾隆并没有将这事看得太重，只是遣去了几个太医，吩咐他们好好为太后治疗。

然而，让所有人都措手不及的是，就在十四天后，老太后却薨逝了。这一年，她已经八十六岁。

虽说心有不舍，但只要一想到太后并没有受多大痛苦，而且又是高龄而终。乾隆便强压下悲恸，将丧仪当成了喜事来办理。

太后薨逝后的第二日，乾隆便亲自为她定下了谥号——“孝圣宪皇后”。为了给太后积福，他又下旨减免了几个贫困县一年应缴纳的粮食。在停灵期间，乾隆坚持每日必到太后灵前行祭拜大礼，尽最后的一份人子之孝。要知道，他当时也已然是六十七岁的老人了，精力和体力都无法同年轻时候相比。乾隆之所以这样做的原因，除却对老太太发自真心的孝顺与怀念之外，别无其他。

乾隆四十二年二月，也就是钮祜禄太后去世后的第二个月，乾隆就将一样东西交到了他最为信赖的两个大臣和珅和福隆安手中。原来，这是他经过几日几夜苦思冥想，才亲自设计出来的金发塔初稿。所谓金发塔，就是盛放钮祜禄太后落发的纯金宝塔。

子欲养而亲不待，此时的乾隆唯一能想到的，也就只有在自己的能力范围之内，留下母亲最后的痕迹，也留下自己永恒的念想了。

后来，这座由乾隆设计，和珅和福隆安总管，花了当时最顶尖级工匠整整三个月时间所建造起来的金发塔，被摆放于太后生前居住过的寿康宫佛堂内。乾隆时不时地都会去那里，观赏这座无与伦比的宝塔，也思念他与世长辞的老母亲。

如此母慈子孝，在拥有天下至高无上权力的皇家，实在不能不说是一个奇迹。

【相关史料】

高宗法天隆运至诚先觉体元立极敷文奋武钦明孝慈神圣纯皇帝，讳弘历，世宗第四子，母孝圣宪皇后，康熙五十年八月十三日生于雍亲王府邸。隆准颀身，圣祖见而锺爱，令读书宫中，受学于庶吉士福敏，过目成诵。

…………

（雍正）十三年……命履郡王允祹暂管礼部事务。召张照回京，以张广泗总理苗疆事务，大学士迈柱署湖广总督。谕大将军查郎阿驻肃州，与刘于义同掌军务，北路大将军平郡王福彭坚守。饬扬威将军哈元生等剿抚苗疆。癸巳，颁大行皇帝遗诏。

——《清史稿·高宗本纪》

高宗孝贤纯皇后，富察氏，察哈尔总管李荣保女。高宗为皇子，雍正五年，世宗册后为嫡福晋。乾隆二年，册为皇后。后恭俭，平居以通草绒花为饰，不御珠翠。岁时以鹿羔沴毧制为荷包进上，仿先世关外遗制，示不忘本也。上甚重之。十三年，从上东巡，还跸，三月乙未，后崩于德州舟次，年三十七。上深恸，兼程还京师，殡于长春宫，服缟素十二日。

——《清史稿·孝贤皇后传》

孝圣宪皇后，钮祜禄氏，四品典仪凌柱女。后年十三，事世宗潜邸，号格格。康熙五十年八月庚午，高宗生。雍正中，封熹妃，进熹贵妃。高宗即位，以世宗遗命，尊为皇太后，居慈宁宫。高宗事太后孝，以天下养，惟亦兢兢守家法，重国体。

——《清史稿·孝圣宪皇后传》

后记

在一个月朗风清的晚上，我写完了最后一个字，却似乎还有一种意犹未尽的感觉。已经记不得为何要写这本书了。也许，只是想借个机会，去重温一下过去的那些经典古装剧。年少的记忆太美妙了。一杯果汁、一张躺椅、一台电视机，便是整个童年。在那些日子里，我常常会随着电视剧中主角的快乐而快乐，悲伤而悲伤。

于是，我迷上了历史，却只是剧中的历史。剧中的历史，夹杂在一个个生动活泼的人物和一段段荡气回肠的爱恨之中。即使不尽如人意，亦觉欲罢不能。

后来，剧中鲜活的角色慢慢化作历史书上一段段齐整的文字。因为喜欢，所以我总是很耐心地翻看着书页。渐渐地，我发现，书中的历史和剧中的历史不尽相同，有的甚至大相径庭。当谦谦君子变成杀人如麻的刽子手，当端庄淑女变成满腹阴谋的野心家，当旖旎美好的爱情变成最平淡无奇的婚姻，一时间还真是难以接受。

然而很快，我便释然了。历史终究是历史，是不会因为后人的意志而改变的。我们应该尊重历史，尊重真实存在于历史中的每一个人。我们可以站在旁观者的立场，冷静地判断这个人是好人还是坏人，也可以怀着一颗同理心，悲悯地看待每一个与我们血脉相连的炎黄子孙。所谓好人并非完美，所谓坏人亦非一无是处。因为懂得，所以宽容。

前些年很流行“穿越”。很多人都幻想能坐着时光机回到过去，与汉朝美女对弹箜篌，与唐朝诗人共看潮起潮落，与清朝皇帝谈一场不分手的恋爱，却很少有人愿意去乱世，一如秦末，一如汉末，一如两晋……然而，我们必须承认，盛世也好，乱世也罢，都是中国的历史，我们的历史。我们爱我们的历史，是因为我们爱我们的国家。

合上电脑屏幕的那刻，突然有一个奇怪的念头闪过脑海。看了那么多“戏说”的古装剧，是不是走了弯路？若一开始接触的就是真实的历史，是不是就不会有“人设崩塌”的遗憾了呢？可转瞬之间，我便想通了。若不是被那些曲折动人的剧情吸引，我或许永远不会那么认真地去翻看史书，探查他们完整的人生轨迹。以此为引，探究过去，其实也很好。